The Sword's Learn to Read Book For Adults

A Christian based phonics curriculum

Written & Illustrated By Ninan Swords-Rogers

Amazon Books.com

The Sword's Learn to Read Book For Adults

A Christian based phonics curriculum

Written & Illustrated By Ninan Swords-Rogers

CONTENTS

How to Use This Book

1. **This book is designed for English speaking adults to learn to read using basic phonic principles** (Some words used in this book while found in the Bible may not be suitable for young children.)

2. **The teacher should first verbally pronounce the sounds and words to the student -- the student should repeat and verbally practice the sounds until they know them.**

3. **Practices should be limited to short periods of time of less than 30 minutes.**

4. **The worksheet pages of this book are designed to help the student learn to put letters together into words (including word searches). Gradually learning the skill of reading by starting with simple sentences, moving on to reading and understanding paragraphs and stories.**

5. **Located near the end of this book are pages which should be referred to often. These include; pages with phonics rules, and pages of exceptions to phonics rules, sight words, strange words, contractions, and compound words.**

6. **After completing this book, the student will have been exposed to the Gospel of Jesus Christ and other Bible truths. Preparing them to continue their reading experience with the Bible and other books.**

How to Use This Book

7. This book is laid out into these stages:
   A. The Short Vowel Sounds
   B. The Consonants
   C. The Long Vowel Sounds
   D. Blends of Consonants; Consonants & Vowels; and Vowels.
   E. Putting it all together into words.
   F. Discussion of some English words that don't fall into regular phonics patterns.

8. The Student should study and learn the Sight Words list on page 241 as soon as possible.

9. The Reading Practice Challenge Pages throughout this book will contain some yet unlearned and/or sight words. This challenge to the student is to expand their learning and exploring skills in reading.

10. While this curriculum isn't exhaustive of all the English language, it should prepare the student to be able to sound out and read new words as they encounter them throughout their life's reading adventure.

Good Learning --- the Author

The Alphabet:

Aa Bb Cc Dd Ee Ff Gg Hh Ii
Jj Kk Ll Mm Nn Oo Pp Qq Rr
Ss Tt Uu Vv Ww Xx Yy Zz

The vowels (Aa Ee Ii Oo Uu)

(Every word must have at least one vowel)

The Consonants:

Bb Cc Dd Ff Gg Hh Jj Kk
Ll Mm Nn Pp Qq Rr Ss Tt
Vv Ww Xx Yy Zz

Short Vowels and Their Sounds

A a   as in ax

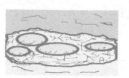

E e   as in egg

I i   as in igloo

O o   as in octopus

U u   as in umpire

(a   e   i   o   u)

Over half of all English words have short vowel sounds.

A a   Ax

Listen for the short a (ax) sound in these words as the teacher reads them aloud.

1. can   man   cab   sad   cap

2. cat   hat   pan   map   ham

Short a words: Practice

1. cab   dab   fab   gab   jab   lab   nab   tab

2. act   fact   pact

3. ad   add   bad   dad   fad   Gad   had   lad   mad   pad
sad   tad

4. bag   gag   hag   lag   nag   rag   sag   tag   wag

5. gal   Hal   pal   Sal   Val

6. Adam   am   bam   ham   jam   Pam   ram   Sam   yam

7. ban   can   Dan   fan   Jan   man   Nan   pan   ran   tan
van

8. and   band   hand   land   sand

9. cap   gap   lap   map   nap   sap   tap   yap   zap

10. ax   fax   lax   Max   tax   wax

11. at   bat   cat   fat   hat   mat   pat   rat   sat   vat

12. as   has

Word Search

```
U R A M F G M A P X Q E E Y L S A T
B H I H H P G R U U O E G A D J L Z
X C A P P S W Q H A S F Z X T O Q U
B N M Y G T P P O J I O X L M A D K
D H G D A D L R C A B J P L H O L Q
C X N N O T X K J F D E Y Q L G K P
I K X R X P C R A G Y G G H A N D J
J Z F A N B X X A Y L D B E I I I Q
Y K P A A R P D A N H M R R A N O O
G W X V Q T T B B J T L U Y F E O X
M A N B T X W B A S R D X Y C A T P
S I E P I T D P Q P T X W R N K X P
G Q A D A M Y R X B A D P C M R Q D
K R S A O O W V P I O X T A G K A V
```

Find the words

ADAM	CAP	FAN	MAD	RAM
AS	CAT	GAD	MAN	RAN
BAD	DAD	HAND	MAP	SAT
CAB	DAN	HAS	RAG	TAG

E e   Egg

Listen for the short (e) sound as teacher reads these words aloud

1. elephant   net   ten   bed   bell   leg

    10

2. jet   hen   yell   fell   pet   less

        (9-4)

Read the following sentence aloud

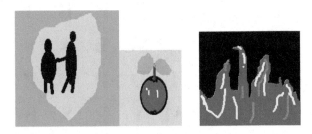

Adam fell man gets Hell.

Short e words: Practice

1. bed   fed   Jed   Ned   red   Ted   wed
2. beg   egg   keg   leg   Meg   peg
3. bell   fell   Hell   sell   tell   well   yell
4. den   hen   men   pen   ten
5. less   mess
6. get   jet   met   net   pet   set   vet   wet
7. Jeff   Ed   elephant

11

Word Search

```
T  U  O  O  F  E  L  L  P  X  Q  E  E  Y  L  F  E  D
B  H  E  N  H  P  G  R  E  D  O  E  J  N  E  T  L  Z
X  Q  T  Y  P  S  W  Q  R  P  Q  F  Z  X  T  O  Q  U
B  B  E  D  G  T  P  P  O  J  B  E  L  L  V  A  A  K
D  H  G  P  W  R  L  R  Y  W  X  L  E  G  H  O  L  Q
C  X  N  N  O  T  E  N  J  F  D  E  Y  Q  L  G  K  P
I  K  X  B  E  G  C  Q  M  E  N  G  G  L  P  E  T  J
J  Z  J  L  L  B  X  X  A  Y  L  D  B  E  I  I  I  Q
Y  K  H  E  L  L  P  P  K  L  H  M  R  Z  G  E  T  P
G  W  X  V  Q  T  T  B  W  E  D  L  U  M  E  S  S  X
K  H  V  B  T  X  W  B  J  Y  R  D  X  Y  P  O  Q  P
S  I  E  G  G  T  D  P  Q  P  T  X  W  E  T  K  X  P
G  Q  M  I  L  P  Y  R  T  E  L  L  P  C  M  R  Q  D
K  R  L  E  S  S  W  V  P  I  O  X  R  R  N  K  A  V
```

Find the words

BED	FED	HEN	MESS	TELL
BEG	FELL	LEG	NET	TEN
BELL	GET	LESS	PET	WED
EGG	HELL	MEN	RED	WET

Ii  Igloo

Listen for the short (I) sound as teacher reads these words aloud.

1. fig   pill   mitt   pin   lid

2. hill   fin   dig   big   bib   hit

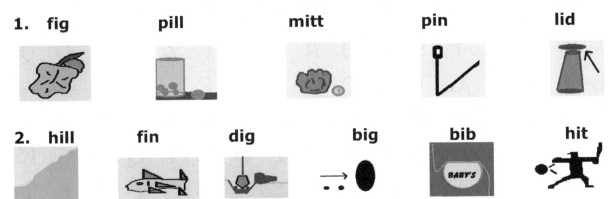

Read the following sentences aloud

The igloo is hid.   Kim is his.

Short i words: Practice

1. bib   rib
2. bid   did   hid   kid   lid   rid   Sid
3. big   dig   fig   gig   jig   pig   rig   wig
4. bill   gill   hill   kill   mill   nil   pill   sill   till   will
5. dim   Jim   Kim   rim   Tim
6. bin   din   fin   in   pin   sin   tin   win
7. dip   hip   lip   nip   rip   sip   tip   zip
8. his   is
9. bit   fit   hit   it   kit   mitt   pit   sit   wit
10. fix   mix   six
11. live   give   hint   igloo

13

Word Search

```
H I D O Y P K K P H I S E Y L I U L
B H F I N P G M X K O E G I V E L Z
X Q T Y P S W Q R I B F Z X T O Q U
B W I L L T P O J D W Y D P I T K
D H P I G R L R F I X T L L H O L Q
C X N N O W P M J F D E Y K I L L P
F I G A Q M C Q T I M G G L P P P J
J Z J L L B I S A Y D I P E I I Q
Y K P R W N P P K L H M R Z Q W I N
G W B I L L T B V S I N U Y M A L X
K H V B T X W B J Y R D B I G O Q P
S I Q G L T D P Q P T X E Q K K Q P
G D I D L P Y R J W Q K P C M R Q D
K R L N U U W D I M O X R R N K A V
```

Find the words

BIG	DIP	GIVE	KILL	SIN
BILL	FIG	HID	PIG	TIM
DID	FIN	HIS	PIT	WILL
DIM	FIX	IS	RIB	WIN

14

O o   Octopus

Listen for the short (O) sound as teacher reads the words aloud

1.   robin   dog   doll   stop   rock   ox

2.   pop   hop   rod   God   rob   cod

Read the following sentences aloud

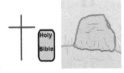

God is the Rock.   John's rod got the cod.

Short   0 words: Practice

1.	Bob	cob	job	mob	rob	sob	
2.	dock	hock	lock	mock	rock	sock	
3.	cod	God	Nod	odd	pod	rod	sod
4.	bog	dog	fog	hog	jog	log	
5.	Mom	Tom					
6.	Don	John	Ron				
7.	hop	mop	pop	stop	top		
8.	boss	loss	moss	toss			
9.	cot	dot	got	hot	Lot	not	pot	rot	tot
10.	doll	robin	ostrich	octopus			

15

Word Search

```
X N B O D D K K P A O Q E Y L R O B
B H I I R P G M N O T E H M V Z L Z
G O T Y P S W Q P U U F S T O P Q U
B R X A L T P G O D D W Y D W P Y K
D H Y A V R L R K L H T L L L O T Q
C X M O M W P M J F D O L L L O T P
V Q X A Q M R O T K P G G L P P P J
J Z J L L B Y H A Y T O P E I I I Q
Y K P D O G P P K L H M R Z P O P L
G W C B C C R O C K W I U Y M A L X
K H V B T X L O S S R D L O G O Q P
S I J O B T D P Q P T X E Q K K X P
G P N M L P Y R J W Q K P C H O P D
K R O D U L O C K B O X R R N K A V
```

Find the words

DOG	HOP	LOSS	ODD	ROD
DOLL	JOB	LOT	POP	ROT
GOD	LOCK	MOM	ROB	STOP
GOT	LOG	NOT	ROCK	TOP

16

Uu Umpire

Listen for the short (U) sound as teacher reads the words aloud.

1.umbrella   umpire   sun   bus   nut   bun

2. cup   tub   mutt   us   hug   bug

Read the following sentences aloud

Fun in the sun.   God loves us.

Short u words: Practice

1. cub   hub   pub   rub   sub   tub
2. bud   cud   dud   mud
3. bug   dug   hug   jug   mug   pug   rug   tug
4. gum   hum   sum
5. bun   fun   gun   pun   run   sun
6. cup   pup   sup   up
7. bus   fuss   us
8. but   cut   gut   hut   mutt   nut   rut
9. umpire   umbrella

17

Word Search

```
X N C U T D K K P K O Q W Y U P Y X
Q H I I S C U B L J D E H M U G K Z
X X H Y P S W Q R U Y A T Y Q K U
K F U N Q S P A O K D W B U G P Y R
E H R E S U N F R N T Y L E E H L U
C X Q R Y W P M J F P L S D C U D U
Q M U D Q M S U P K P G G L U P P U
R T J L L B W H A a K H D U G I I Q
B U S Y K B P K R U N Q R Z E E E O
G W C M U T T G P M W I U Y G U M H
W R V M T X S W P Y R D I O O O Q U
S U B C P T D P Q P T X E V U K X L
G P N M U S Y R J W Q K P C U P Z D
J N U T U V B T U B X X R R N K A V
```

Find the words

BUG	CUP	GUM	NUT	SUP
BUS	CUT	MUD	RUN	TUB
CUB	DUG	MUG	SUB	UP
CUD	FUN	MUTT	SUN	US

-Always read from left to right-

Most sentences end with a period (.)

A sentence that asks a question ends with a question mark (?)

A sentence that makes a strong statement ends with an exclamation mark (!)

Read these sentences with feeling

Help the man.
Help the man?
Help!   The man!

A comma (,) in a sentence, means to take a pause between the words it separates.

Reading Practice Challenge
Read these sentences

Did GOD make the Earth?
Yes, GOD made the Earth.
In fact, GOD made all things!
GOD was first.
GOD made man, Earth, sun, stars, all things!
All that GOD made was the best.
GOD made the first man, Adam.
Adam took walks with GOD in the Garden of Eden.
Then Adam did what GOD said not to do.
GOD sent Adam out of the Garden of Eden.
Adam had to work hard after his sin.
This is called the sin curse of man.
No help for man's sin, until Jesus, GOD's son,
paid the cost for our sin on the Cross!

The Consonants

Practice these sounds daily until you know them

<u>Bb</u>	<u>Cc</u>	<u>Dd</u>
<u>Ff</u>	<u>Gg</u>	<u>Hh</u>
<u>Jj</u>	<u>Kk</u>	<u>Ll</u>
<u>Mm</u>	<u>Nn</u>	<u>Pp</u>
<u>Qq</u>	<u>Rr</u>	<u>Ss</u>
<u>Tt</u>	<u>Vv</u>	<u>Ww</u>
<u>Xx</u>	<u>Yy</u>	<u>Zz</u>

Bb   Bag

Hint.... The second consonant of a double consonant is silent (for example bb says b.)

Practice saying the short vowel sounds

a   e   i   o   u

Say aloud-- blend the consonant sound with the short vowel sounds
Always read from left to right

b + a→ =ba   b + e→ =be   b + i→ =bi

b + o→ =bo   b + u→ =bu

(Practice the blends)   (then the words)

ba...d→bad	ba...g→bag	ba...t→bat	ba..ss→bass
be...d→bed	be...g→beg	be...ll→bell	Be...n→Ben
Be..ss→Bess	be...t→bet	Be...v→Bev	bi...b→bib
bi...d→bid	bi...g→big	bi...ll→bill	bi...n→bin
bi...t→bit	bu..ll→bull	Bo..b→Bob	bo...g→bog
bo..ss→boss	bu...d→bud	bu..g→bug	bu...n→bun
bu...s→bus	bu...t→but		

Read the Words: Read the Phrases:

1. bib   Bob   Bub   A big bed

2. bad   bed   bid   bud

3. bag   beg   big   bog   bug   The bell

4. ball   bell   bill   bull

5. Ben   bin   bun   A bus

6. bass   Bess   boss   bus

7. bat   bet   bit   bot   but   A bad bug

21

Word Search

```
X N Q C B U N K P K O B E D M D Y X
B A S S S N K B E G D E H G O R K Z
X X H Y P S W Q R U U B O S S Q K U
B A T O Q S P A O K D W M L X P Y R
E H R E G L B E L L T Y L E E H L U
C B I D Y W P M J F P B I G K Y P U
Q I X C Q B U T K K P G B A G L P U
R T J L L B W H B U S H M H R I I Q
B I N Y K B I T G R Q Q R Z E E E O
G W C N B B M G P M W I U Y B U G H
W R V M T X S W B I L L I O O O Q U
B I B C P T D P Q P T X B U L L X L
G P N M B A D R J W Q K P N U U Z D
J G K M U V B N X W X X B E T K A V
```

Find the words

BAD	BED	BIB	BIN	BULL
BAG	BEG	BID	BIT	BUN
BASS	BELL	BIG	BOSS	BUS
BAT	BET	BILL	BUG	BUT

Cc   Cap

Practice saying the short vowel sounds

a   e   i   0   u

Say aloud-- blend the consonant sound with short vowel sounds.

c + a→= ca   c + e→= ce   c + i→= ci

c + o→= co   c + u→= cu

(Practice the blends)   (Then the words)

ca...r→car	ca...b→cab	ca...n→can	ca...p→cap
ca...t→cat	ca..ll→call	co...b→cob	co...d→cod
co...g→cog	co...n→con	co...p→cop	co...t→cot
cu...b→cub	cu...d→cud	cu...p→cup	cu...t→cut

Say the words: Read the phrases:

1. cab   cob   cub   The cab
2. cad   cod   cud   A cap
3. cuff   The cat
4. call   cull   The cup
5. can   con   A cot
6. cap   cop   cup   A can
7. car   The cop
8. cat   cot   cut   A cut
                              The cod
                              The Cubs
                              A car
                              The cud

Sight words: the (sounds like...thu)
a (sounds like...short u)   to (sounds like...2)

23

Word Search

```
X N Q C A N P K P K O C O P M D Y X
Q O R R S N K Q C A P E H G O R K Z
X C O T P S W Q R U U A C U B Q K U
Q A A O Q S P A O K D W M L C U L L
E H R E G L H G C U D L E E H L U
C A R G Y W P M J F P O Q I K Y P U
Q I X C Q C U P K C A D P P C A L L
R T J L L B W H M N O H M C A T I Q
T H E Y K O O O G C O N R Z E E E O
G W C N B B M G P M W I U Y M N E H
C A B M T X S W M V W C U F F O Q U
C Q X C P T D C O G T X L J H K X L
G P N M V T O R J W Q K P C U T Z D
C O D M U V C O B W X X M A A K A V
```

Find the words

CAB	CAP	COD	COT	CULL
CAD	CAR	COG	CUB	CUP
CALL	CAT	CON	CUD	CUT
CAN	COB	COP	CUFF	THE

24

Dd   Doll

Practice saying the short vowel sounds

a   e   i   o   u

Say aloud-- blend the consonant sound with the short vowel sounds.
Always read from left to right.

d + a→ = da   d + e→ = de   d + i→ = di

d + o→ = do   d + u→ = du

Say the blends: then the words:

da...b→dab	Da...d→Dad	Da...n→Dan	De...b→Deb
de...n→den	di...b→dib	di...d→did	di...g→dig
di...m→dim	di...p→dip	do...g→dog	Do...n→Don
do...t→dot	du...b→dub	du...d→dud	du...g→dug
a...d→ad	ad...d→add	b...ed→bed	

Read the Words: Read the Sentences:

1. dab   Deb   dib   dub   Did Dad add a dab?
2. Doc
3. Dad   did   dud   Did the dog dig?
4. dig   dog   dug
5. dim   Don and the dog dug the den.
6. Dan   den   din
7. dip   The dog dug the den.
8. Don   dot
9. ad   add

Sight words: the (thu)   a (u)   and

25

Word Search

```
X N Q N M M P D A N O K Z W M D Y X
Q O D A D N K Q B N V E H D U B K Z
X C C P S W Q R U U A K X W Q K U
Q A A O Q S D E N K D W M L M L O I
D I P E G L H G G B U U L E D U D U
N E Q G Y W P M J F D I D I K Y P U
Q I X C Q B E D K Q O O P P K D I N
R T J L L B W H M N O H D O N L I Q
D O C Y K O A D D Q A A R Z E E E O
G W C N B B M G P M W I U Y M D U G
Z D O G T X S W D O L L G X K O Q U
C Q X D I M D C H H T X L J H K X L
A D N M V T O R J W Q K D E B I Z D
Y Y M M U V D I G W X X M A A D O T
```

Find the words

AD	DAN	DIG	DOC	DOT
ADD	DEB	DIM	DOG	DUB
BED	DEN	DIN	DOLL	DUD
DAD	DID	DIP	DON	DUG

Review

Say the sounds

Bb   Cc   Dd

Hint: When a word has only one vowel it usually says its short sound.

Hint: The second consonant of a double consonant is silent.

Say the blends   then the words

ba +d→**bad**	ba +g→**bag**	ba +ss→**bass**	ba +t→**bat**
be +d→bed	be +g→beg	be +ll→bell	Be +n→Ben
Be +ss→**Bess**	be +t→**bet**	Be +v→**Bev**	bi +b→**bib**
bi +d→bid	bi +g→big	Bi +ll→Bill	bi +n→bin
bi +t→**bit**	Bo +b→**Bob**	bo +g→bog	bo +ss→boss
bu +d→bud	bu +g→bug	bu +ll→bull	bu +n→bun
bu +s→**bus**	bu +t→**but**	ru +b→**rub**	tu +b→**tub**

---

ca +b→cab	ca +n→can	ca +p→cap	ca +t→cat
co +b→cob	co +d→cod	co +g→cog	co +n→con
co +p→cop	co +t→cot	cu +b→cub	cu +d→cud
cu +p→**cup**	cu +t→**cut**		

---

a +d→ad	a +dd→add	da +b→dab	du +g→dug
Da +d→**Dad**	Da +n→**Dan**	De +b→**Deb**	de +n→den
di +d→did	di +g→dig	di +ll→dill	di +m→dim
di +p→**dip**	do +g→**dog**	do +ll→**doll**	Do +n→**Don**
do +t→dot	du +b→dub	du +d→dud	

27

An (') apostrophe followed by (s) after a name word
shows ownership of what follows.
Examples: GOD's word
Bill's hat
The dog's bone

A set of parenthesize ( ) is put around a word or group
of words to show they are important.
Example: My aunt (not my mom) made the cake.

A story is divided into groups of sentences called paragraphs.
A paragraph is a group of sentences that go together to tell an idea.

The following story contains the sight words (beautiful, lovely, loved)
and Advanced words (Queen, made, most, know, by, taken,
making, way, save, saved).

Reading Practice Challenge   *Read the story*

Once there was a King who wanted a new Queen.

The King had a search made all around his kingdom
for the most beautiful girl in the kingdom. Esther, a
lovely Jewish girl, was the King's pick.

The King did not know that Esther was a Jew. (The
Jews had been captured from their homeland, Israel, by
the King's soldiers, and taken to the King's land.) Esther
was a good Queen and the King loved her.
Haman, a bad man, tricked the King into making a
law to kill all the Jews in the kingdom!
Esther had to help the Jews! Esther made a special
dinner for her husband, the King, and for Haman! Esther
told the King the truth! Esther was a Jew!
The King loved Esther much and found a way to save
the Jews! Haman was hung, the death Haman had
planned for the Jews! Good Queen Esther and all
the Jews were saved!

28

Ff   *Fan*

Practice saying the short vowel sounds

a   e   i   o   u

Say aloud-- blend the consonant sound with the short vowel sounds.

Always read from left to right.

f + a→= fa   f + e →= fe   f + i →= fi

f + o→= fo   f + u →= fu

Say the blends   *then the words*

fa..b→fab   fa..d→fad   fa..ll→fall   fa..n→fan   fa..t→fat

fe..d→fed   fe..ll→fell   fi..b→fib   fi..g→fig   fi..ll→fill

fi..n→fin   fi..t→fit   fo..g→fog   fu..ll→full   o..ff→off

Read the Words: *Read the Sentence & Phrases:*

1. fab   Feb   fib   fob
2. fad   fed   **The fig fit Adam.**
3. fig   fog
4. fall   fell   fill   full   **Adam's fib**
5. fan   fin   fun
6. fat   fit   **Adam's fall**
7. fax   fix
8. (o...ff) off

29

Word Search

```
X N Q F A T P O U U O K Z F I L L X
F A X X O N K Q B N V E H M K V K Z
X C C C P S W Q R U F A N X W Q K U
Q A A O F I B D J K D W M L M L O I
B B H E G L H G G B U U F I N A A U
F E B G Y W P M J F B E I I K Y P U
Q I X C Q F I T K Q O F E D K B Q W
R T J L L B W H M N O F A L L I Q
C B F A D O O J F O B A R Z E E E O
G W C N B B M G P M W I U Y M O F F
Z V X F I G S W A C B F O G K O Q U
C Q X G H F E L L H T X L J H K X L
B F U L L T O R J W Q K O P F U N D
F A B M U V B R R W X F I X A J F I
```

Find the words

FAB	FAT	FELL	FIN	FOG
FAD	FAX	FIB	FIT	FULL
FALL	FEB	FIG	FIX	FUN
FAN	FED	FILL	FOB	OFF

Gg   *God*

Practice saying the short vowel sounds

a   e   i   o   u

Say aloud --blend the consonant sound with the short vowel sounds.

g + <u>a</u>→ = ga   g + <u>e</u>→ = ge   g + <u>i</u>→ = gi

g + <u>o</u>→ = go   g + <u>u</u>→ = gu

Say the blends   *then the words*

ga..b→gab	ga..p→gap	ga..s→gas	ge..m→gem
ge..t→get	g..ig→gig	g..ill→gill	g..ob→gob
G..od→God	G..og→Gog	g..ot→got	g..ull→gull
g..um→gum	g..un→gun	gu..t→gut	ga..g→gag

Read the Words: *Read the Sentences:*

1. gab   gob
2. Gad   God
3. gag   gig   Gog
4. gill   gull
5. gem
6. gin   gun
7. gap
8. gar
9. gas   Gus
10. gat   get   got   gut

A gar has gills.

Gus got the gas.

31

Word Search

```
X N Q G A B P O U U O K Z V N B P X
A A I X O N K Q G A D E H M K V K Z
G I L L P S W Q R U N V G X W G O G
Q A A O B T D D J K G U M L M L O I
B B G U T L H G G B U U M N O A A U
A R I G Y W P M J G A G I I K Y P U
G I G C Q B G A P Q O B V N G O B W
R T J L L B W H M N O N M G U L L Q
C B G O T O O J N G G A R Z E E E O
G W C N B B M G U N W I U Y M M R W
Z V G A S H S W A C B N M G U S Q U
C Q X G H I J C C G O D L J H K X L
B W G E M T O R J W Q K O G E T U D
X C V M U V G I N W X I N M A J F I
```

Find the words

GAB	GAR	GIG	GOD	GUM
GAD	GAS	GILL	GOG	GUN
GAG	GEM	GIN	GOT	GUT
GAP	GET	GOB	GULL	GUS

32

Hh   Hat

Practice saying the short vowel sounds

a   e   i   o   u

Say aloud -- blend the consonant sound with the short vowel sounds.

h + a→ = ha   h + e→ = he   h + i→ = hi

h + o→ = ho   h + u→ = hu

Say the blends   ## *then the words*

ha..ll→hall	ha..d→had	ha..g→hag	ha..m→ham
ha..s→has	ha..t→hat	He..ll→Hell	he..m→hem
he..n→hen	he..r→her	hi..d→hid	hi..ll→hill
hi..m→him	hi..p→hip	hi..s→his	hi..t→hit
ho..g→hog	ho..p→hop	ho..t→hot	hu..b→hub
hu..g→hug	hu..ll→hull	hu..m→hum	hu..t→hut

Read the Words: ## Read the sentences:

1. hub   **Hal hid the hen.**
2. had   hid   H.U.D.
3. hag   hog   hug   **His hat has a hot hem.**
4. Hal   hall   Hell hill hull
5. ham   hem   him   hum   **A hog has a ham.**
6. hen
7. hip   hop   **The hat hit the hut.**
8. has   his
9. hat   hit   hot   hut

33

Word Search

```
X  H  O  T  X  C  P  O  U  U  O  K  Z  H  I  T  P  X
A  A  I  X  O  N  H  E  N  Q  R  E  H  M  K  V  K  Z
U  N  P  D  H  I  S  Q  R  U  N  V  G  X  H  E  M  X
Q  H  O  G  B  T  D  D  J  K  H  I  L  L  M  L  O  I
B  B  S  T  U  L  H  I  M  B  U  U  M  H  A  M  A  U
A  R  I  G  Y  W  P  M  J  B  R  Q  I  I  K  Y  P  U
W  C  G  C  H  E  L  L  K  Q  O  B  V  N  J  L  M  W
R  T  J  L  L  B  W  H  M  N  O  N  M  T  H  O  P  Q
H  U  M  S  C  O  O  J  N  G  Y  H  A  L  L  E  E  O
G  W  C  N  B  H  A  G  Y  W  W  I  U  H  I  P  R  W
Z  H  U  G  T  H  S  W  A  C  B  N  M  A  A  A  Q  U
C  Q  X  G  H  I  J  C  H  A  S  Q  L  J  H  H  A  T
B  W  W  B  B  H  A  D  J  W  Q  K  O  M  K  Y  U  D
X  C  V  M  U  V  T  P  P  W  X  I  N  H  I  D  F  I
```

Find the words

HAD	HAS	HEN	HIP	HOP
HAG	HAT	HID	HIS	HOT
HALL	HELL	HILL	HIT	HUG
HAM	HEM	HIM	HOG	HUM

Review

Say the sounds

Ff    Gg    Hh

Say the blends   then the words

fa +b→<u>fab</u>	fa +d→<u>fad</u>	fa +ll→<u>fall</u>	fa +n→<u>fan</u>
fa +r→<u>far</u>	fa +t→<u>fat</u>	fe +d→<u>fed</u>	fe +ll→<u>fell</u>
fi +b→<u>fib</u>	fi +g→<u>fig</u>	fi +ll→<u>fill</u>	fi +n→<u>fin</u>
fi +r→<u>fir</u>	fi +t→<u>fit</u>	fo +g→<u>fog</u>	fu +ll→<u>full</u>
fu +n→<u>fun</u>	fu +r→<u>fur</u>	o +ff→<u>off</u>	

----

ga +b→<u>gab</u>	Ga +d→<u>Gad</u>	ga +g→<u>gag</u>	ga +p→<u>gap</u>
ga +s→<u>gas</u>	ge +m→<u>gem</u>	ge +t→<u>get</u>	gi +g→<u>gig</u>
gi +ll→<u>gill</u>	go +b→<u>gob</u>	Go +d→<u>God</u>	Go +g→<u>Gog</u>
go +t→<u>got</u>	gu +ll→<u>gull</u>	gu +m→<u>gum</u>	gu +n→<u>gun</u>

----

ha +d→<u>had</u>	ha +g→<u>hag</u>	ha +ll→<u>hall</u>	ha +m→<u>ham</u>
ha +s→<u>has</u>	ha +t→<u>hat</u>	He +ll→<u>Hell</u>	he +m→<u>hem</u>
he +n→<u>hen</u>	hi +d→<u>hid</u>	hi +ll→<u>hill</u>	hi +m→<u>him</u>
hi +p→<u>hip</u>	hi +s→<u>his</u>	hi +t→<u>hit</u>	ho +g→<u>hog</u>
ho +p→<u>hop</u>	ho +t→<u>hot</u>	hu +b→<u>hub</u>	hu +ff→<u>huff</u>
hu +g→<u>hug</u>	hu +ll→<u>hull</u>	hu +m→<u>hum</u>	hu +t→<u>hut</u>

35

A phrase is a part of a sentence made of a group of words related to each other.
A phrase usually begins and ends with a comma (,).

Example: The doll, of soft velvet material, is my favorite toy.

Conjunction words are words that combine phrases, sentences, words or ideas into a longer sentence.

Some conjunction words: and, but, therefore, because.

Examples:

He joined the Air Force, *because*, he liked airplanes.

The twins dressed alike, *and*, they even talked like each other.

He loves butter, *but*, he hates margarine.

Paul punished the early Christians, *therefore*, they were afraid of him at first after his conversion.

Reading Practice Challenge

At Christmas we think of little Jesus, gifts, angels, a star, kings, barns and shepherds, but, we should never forget that Jesus was born to replace us on the cross. He took our penalty for all our wrong doings, for all our sins against GOD! Now we can live with Him in Heaven forever! The perfect gift of salvation, Jesus Christ!

36

Jj   Jam

Practice saying the short vowel sounds

a   e   i   0   u

Say the blends - the consonant sound with the short vowel sounds.

j + <u>a</u>→= ja   j + <u>e</u>→= je   j + <u>i</u>→= ji

j + <u>o</u>→= jo   j + <u>u</u>→= ju

Say the blends   then the words

ja..b→jab	Ja..g→J.A.G.	ja..m→jam	Ja..n→Jan
ja..r→jar	ja..zz→jazz	Je..b→Jeb	Je..d→Jed
Je..ff→Jeff	je..ll→jell	je..t→jet	ji..b→jib
ji..g→jig	Ji..ll→Jill	Ji..m→Jim	jo..b→job
jo..g→jog	jo..t→jot	ju..g→jug	ju..t→jut

Read the Words: Read the sentence and phrases:

1. jab   Jeb   jib   job   Jill got the J.A.G job.
2. Jed   Jud
3. Jeff   jiff   A jar
4. J.A.G.   jig   jog   jug
5. jell   Jill   The jelly
6. jam   Jim
7. Jan   Jon   The jam
8. jar
9. Jess   A jug
10. jet   jot   jut
11. jazz

37

Word Search

```
X J E F F X P O J A Z Z Z V N B P X
A A I X O N K Q P Q V E H M K V K Z
J E B W P J U T R U N V G X W J O T
Q A A O B T J E L L M O U L M L O I
B B W Q I L H G G J I L N O A A U
A J I G Y W P M J H U R I I J E T U
Z Q N C Q B H J L Q O B J A N Y J W
R T J O B B W H M N O M X W Y O Q
C B E H Y O O J A B X V N J I B E O
G W C N B B M Q O K W I J U G M R W
Z J I F F H S W A C B N M T H L Q U
C Q X G H I J O G R E R L J U D X L
B W L W Z T O R J A R K O I U O U D
J I M M U V G B P W X I N J A M F I
```

Find the words

JAB	JAZZ	JET	JILL	JOT
JAM	JEB	JIB	JIM	JUD
JAN	JEFF	JIFF	JOB	JUG
JAR	JELL	JIG	JOG	JUT

Kk   Kid

Hint: Normally the letter (K) comes before (i or e),
and (C) normally comes before (a, o, or u.)
Names can be an exception...
(Names always start with a capital letter) For example: Karen and Kay.

Practice saying the short vowel sounds

a   e   i   o   u

Say aloud blend - the consonant sound with the short vowel sounds.

k + a→= ka   k + e→= ke   k + i→= ki

k + o→= ko   k + u→= ku

Say the blends   *then the words*

Ke..n→Ken   ki..d→kid   ki..ll→kill   ki..n→kin

ki..ss→kiss   ki..t→kit

Read the Words: Read the sentences and phrases:

1. kid   Ken kissed Karen.
2. keg
3. kill   The keg
4. Kim
5. Ken   kin   Ken and Kay are kin.
6. kiss
7. kit   A kit
8. Exceptions (Kay   Karen)

39

Word Search

```
X K A Y N X P O N M K F Z V N B P X
A A I X O N K Q P Q V E H M K V K Z
H P L W P V N Y R U N V G X W M O H
Q A A O K E N N L M O U L M L O I
B B W Q I L H G G M B J I N O A A U
A K I M Y W P K I L L R I I V M I U
Z Q N C Q B H J L Q O B N M K E G W
R K I T B B W H M N O N M X W Y O Q
C B E H Y O O X N H X V N M U U E O
G W C N K I N Q O K K I D H P M R W
Z P W R K H S W A C B N M T H L Q U
C Q X G H I U U K R E R L A J L X L
B W K A R E N R T K P K K I S S U D
V B N M U V G B P W X I N K J P F I
```

Find the words

KAREN	KEG	KID	KIM	KISS
KAY	KEN	KILL	KIN	KIT

40

Ll   Leg

Practice saying the short vowel sounds

a   e   i   o   u

Say aloud blending the consonant sound with the short vowel sounds.

l + a→= la   l + e→= le   l + i→= li

l + o→= lo   l + u→= lu

Say the blends   then the words

la..b→lab   la..d→lad   la..g→lag   la..p→lap

le..d→led   le..g→leg   le..ss→less   le..t→let

li..d→lid   li..p→lip   Li..z→Liz   lo..g→log

lo..ss→loss   lo..t→lot   lu..g→lug

Read the Words   Read the sentence and phrases

1. lab
2. lad   led   lid
3. lag   leg   log   lug
4. lap   lip
5. lass   less   loss
6. let   lot
7. Liz

Liz led the lad.

A lab

Less lip

The log

Word Search

```
X T T A N X L I D M K F L I Z B P X
A A I X O N K Q P Q V E H M K V K Z
H P L I P V N Y R U N V L E D M O H
Q A A O T K J N N L A G U L M L O I
B B W Q I L H G G M B J I N L O G U
A F F S L O T F Y P O R I I V M I U
Z Q N C Q B H J L Q O B L A S S F W
R R U U B B W H M N O N M X W Y O Q
C L E T Y O O X L A B V N M U U E O
G W C N V X Z Q O K G I I H L A D W
Z P W R L E S S A C B N M T H L Q U
C Q L A P I U U K R E R L A J L X L
B W X I J F H R L E G K M J J L U D
L O S S U V G B P W X I N K L U G I
```

Find the words

LAB	LASS	LET	LOG
LAD	LED	LID	LOSS
LAG	LEG	LIP	LOT
LAP	LESS	LIZ	LUG

Review

Say the sounds

Jj   **Kk**   **Ll**

a   e   i   o   u

Note: When a word has only one vowel it usually says its short sound.

Say the blends   then the words

ja +b→<u>jab</u>   Ja +ck→<u>Jack</u>   ja +m→<u>jam</u>   Ja +n→<u>Jan</u>

ja +r→<u>jar</u>   ja +zz→<u>jazz</u>   Je +b→<u>Jeb</u>   Je +d→<u>Jed</u>

Je +ff→<u>Jeff</u>   je +ll→<u>jell</u>   je +t→<u>jet</u>   ju +t→<u>jut</u>

ji +b→<u>jib</u>   Ji +ll→<u>Jill</u>   Ji +m→<u>Jim</u>   jo +b→<u>job</u>

jo +g→<u>jog</u>   jo +t→<u>jot</u>   ju +g→<u>jug</u>

Ka +ren→<u>Karen</u>   Ke +n→<u>Ken</u>   ki +ck→<u>kick</u>   ki +d→<u>kid</u>

ki +ll→<u>kill</u>   ki +n→<u>kin</u>   ki +ss→<u>kiss</u>   ki +t→<u>kit</u>

---

la +b→<u>lab</u>   la +ck→<u>lack</u>   la +d→<u>lad</u>   lu +g→<u>lug</u>

la +g→<u>lag</u>   la +p→<u>lap</u>   le +d→<u>led</u>   le +g→<u>leg</u>

le +ss→<u>less</u>   le +t→<u>let</u>   li +d→<u>lid</u>   li +p→<u>lip</u>

Li +z→<u>Liz</u>   lo +g→<u>log</u>   lo +p→<u>lop</u>   lo +ss→<u>loss</u>

Lo +t→<u>Lot</u>   lo +t→<u>lot</u>   lu +ck→<u>luck</u>

43

Quotation marks (" ") go around something someone has said.

Examples: John the Baptist said, "You must repent of your sins and be baptized."

When he saw Jesus approaching he also said, "Behold the Lamb of God who takes away the sins of the world!"

A colon (:) is used to show the start of a list.

Example: Bob's grocery list included: beef roast, hot dogs, ketchup, bread, and cheese.

A semicolon (;) can be used after a colon to separate a list of phrases.

Example: Noah's ark contained: various kinds of animals; many different types of food for the animals; lots of fresh water to drink; bedding for sleeping; and Noah's wife, three sons and their wives.

A semicolon (;) can be used instead of a conjunction word to join two sentences or two ideas.

Example: The big dog ran away from Billy; the dog ran to Mary.

<u>Reading Practice Challenge</u>

After Noah's flood the Earth was repopulated by: Noah and his sons; and all their descendants; and all their descendants' descendants. Everyone on Earth had only one language

They were so proud, they started to build a city with a tower so tall it would go to Heaven! GOD said, "Come let us go down there and confuse their language."   So GOD did!

Everyone was confused, and they split into groups of different languages, and wandered off to different lands with those they could understand.

They stopped building the Tower of Babel.
They never reached Heaven by their own works!

Mm   Man

Practice saying the short vowel sounds

a   e   i   0   u

Say the blend of consonant sound with the short vowel sounds.

m + a→= ma   m + e→= me   m + i→= mi

m + o→= mo   m + u→= mu

Say the blends   *then the words*

ma..d→mad   ma..n→man   ma..p→map   ma..ss→mass

ma..t→mat   me..d→med   Me..g→Meg   Me..l→Mel

me..n→men   me..ss→mess   me..t→met   mi..d→mid

mi..ll→mill   mi..ss→miss   mi..tt→mitt   mi..x→mix

mo..b→mob   Mo..g→Mog   Mo..m→Mom   mo..p→mop

mo..ss→moss   mu..d→mud   mu..ff→muff   mu..g→mug

mu..ll→mull   mu..m→mum   mu..tt→mutt

Read the words: Read the Sentences and Phrases:

1. mob   The mad man met Mel.
2. mad   med   mid   mod   mud
3. muff   A muff
4. Meg   Mog   mug
5. mall   Mel   mill   mull   Miss Meg
6. Mom   mum
7. man   men   The mop was a mess.
8. map   mop
9. mass   mess   miss   moss
10. mat   met   mitt   mutt   The mud mix mess
11. mix

45

Word Search

```
X D J B N X P O N M A S S V N B P X
M A T X O N K M O B V E H M I X K Z
H P M A P V N Y R U N V G X W M O H
Q A A O M E S S N L M O P Q M L O I
B B W Q I L H G G M B J I M E T A U
A M O S S W P U M I S S I I V M I U
Z Q N C Q B H J L Q O B N M I T T W
R Q H T B B W H M E N N M X W Y O Q
C B E M A N O X N H X V N M M I D O
G W C N H Q O Q O M A L L H P M R W
Z M O G K H S W A C B N M T H L Q U
C Q X G M I L L K R E R L A J M A D
B W G F M U D R T K P K H O K W U D
V B N M U V G B P W X I N M E G F I
```

Find the words

MAD	MASS	MESS	MISS	MOG
MALL	MAT	MET	MITT	MOP
MAN	MEG	MID	MIX	MASS
MAP	MEN	MILL	MOB	MUD

Nn   Nag

Practice saying the short vowel sounds

a   e   i   o   u

Say the blend of consonant sound with the short vowel sounds.

n + a→ = na   n + e→ = ne   n + i→ = ni

n + o→ = no   n + u→ = nu

Say the blends   *then the words*

na..b→nab	na..g→nag	Na..n→Nan	na..p→nap
Ne..d→Ned	Ne..ll→Nell	ne..t→net	ni..l→nil
ni..p→nip	no..d→nod	no..t→not	nu..b→nub
nu..ll→null	nu..t→nut		

Read the words: ### *Read the Sentences and Phrase:*

1. nab   nub   A nub

2. Ned   nod

3. nag   Did the nag nip Nell?

4. Nell   nil   null

5. Nan   Nab the nut with the net.

6. nap   nip

7. nor   She is not Nell, she is Nan.

8. net   not   nut

Word Search

```
X E W S N O T O N M K F Z V N E T X
A A I X O N K Q P Q V E H M K V K Z
H P N A P V N Y R U N V G X W N O D
Q A A O F G R N L N I L L M L O I
B B W Q E D G G M B J I N O A A U
A W C D Y W P Q N A G R I I V M I U
Z Q N U L L H J L Q O B N M P N O R
R I O O B B W H M N O N I P W Y O Q
C S H O Y O O X N H X V N M U U E O
G W C D Y L Q O K N J S N U T R W
Z P W R N E L L A C B N M T H L Q U
C Q X G H I U U K R E R N A N L X L
B W C K Y H K R T N A B J M K O U D
V B N U B V G B P W X I N K J P F I
```

Find the words

NAB	NED	NIP	NUB
NAG	NELL	NOD	NULL
NAN	NET	NOR	NUT
NAP	NIL	NOT	

Pp   Pan

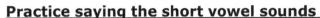

Practice saying the short vowel sounds

a   e   I   0   u

Say and blend the consonant sound with the short vowel sounds.

P + a→= pa   p + e→= pe   p + i→= pi

p + o→= po   p + u→= pu

Say the blends   then the words

pa..d→pad	pa..l→pal	Pa..m→Pam	pa..n→pan
pa..ss→pass	pa..t→pat	pe..g→peg	pe..n→pen
pe..p→pep	pe..t→pet	pi..g→pig	pi..ll→pill
pi..n→pin	pi..t→pit	po..d→pod	po..p→pop
po..t→pot	pu..ff→puff	pu..g→pug	pu..ll→pull
pu..n→pun	pu..p→pup	pu..tt→putt	

Read the words: Read the Sentences and Phrases:

1. pad   pod   Did the pod pop and puff?
2. puff
3. peg   pig   pug   Pat the pug pup and the pet pig.
4. pal   pill   pull
5. Pam Pom   A pig pen
6. pan   pen   pin   pun
7. pep   pop   pup   A pot
8. pass
9. pat   pet   pit   pot   putt   The Pom pup

49

Word Search

```
X W U L N X P I N M K F Z V N B P X
A P I G O N K Q P Q P E N M K V K Z
H P L W P O P Y R U N V G P I L L H
Q A A O E O K N N L M O U L M L O I
B B P O D L H G G M B J I P O T A U
A C G L Y W P U L L J R I I V M I U
P U N C Q B H J L Q O B N P A D L W
R F D G B B W H P A T N M X W Y O Q
C P A L Y O O X N H X V N M U U E O
G W C N P A S S O K G Q K H P I T W
Z P E G K H S P A N B N M T H L Q U
C Q X G H I U U K R E R P E P L X L
B W P U F F B R T K P K D A J P U P
V B N M U V G B P E T I N K J P F I
```

Find the words

PAD	PAT	PET	PIT	PUFF
PAL	PEG	PIG	POD	PULL
PAN	PEN	PILL	POP	PUN
PASS	PEP	PIN	POT	PUP

50

Review

Say the sounds

Mm   Nn   Pp

Note: When a word has only one vowel it usually says its short sound.

Say the blends   then the words

ma +d→**mad**	ma +n→man	ma +p→**map**	ma +ss→mass
ma +t→mat	me +d→**med**	Me +g→Meg	Me +l→**Mel**
me +n→**men**	me +ss→mess	me +t→met	mi +d→mid
mi +ll→mill	mi +ss→miss	mi +tt→mitt	mi +x→mix
mo +b→**mob**	Mo +g→Mog	Mo +m→**Mom**	mo +p→mop
mo +ss→moss	mu +d→**mud**	mu +ff→**muff**	mu +g→**mug**
mu +ll→**mull**	mu +m→mum	mu +tt→**mutt**	

---

na +b→nab	na +g→nag	**Na +n→Nan**	na +p→**nap**
Ne +d→Ned	**Ne +ll→Nell**	ne +t→**net**	ni +l→nil
ni +p→nip	no +d→**nod**	**no +t→**not	nu +b→**nub**
nu +ll→null	**nu +t→**nut		

---

pa +d→pad	pa +l→**pal**	**Pa +m→Pam**	pa +n→**pan**
pa +ss→**pass**	pa +t→**pat**	pe +g→**peg**	pe +n→**pen**
pe +p→**pep**	pe +t→**pet**	pi +g→pig	pi +ll→**pill**
pi +n→pin	pi +t→**pit**	po +d→**pod**	po +p→**pop**
po +t→pot	pu +ff→**puff**	pu +g→pug	pu +ll→**pull**
pu +n→pun	pu +p→**pup**	pu +tt→**putt**	

51

Reading Practice Challenge

FUN FACTS & How long Did They Live?

Adam never had a childhood, he was created as an adult.
<u>Adam</u> was 130 when his son Seth was born. Adam lived 930 years.

<u>Seth</u> was 105 when his son Enosh was born. Seth lived 912 years.

<u>Enosh</u> was 90 when his son Kenan was born. Enosh lived 905 years.

<u>Kenan</u> was 70 when his son Mahalalel was born. Kenan lived 910 years.

<u>Mahalalel</u> was 65 when his son Jared was born. Mahalalel lived 895 years.

<u>Jared</u> was 162 when his son Enoch was born. Jared lived 962 years.

<u>Enoch</u> was 65 when his son Methuselah was born. <u>Enoch did NOT die!</u>
When he was 365 GOD took him alive to Heaven with Him!

<u>Methuselah</u> was 187 when his son Lamech was born. Methuselah
was the OLDEST man ever in history! He lived 969 years! So
the saying "Old as Methuselah" means someone very old!

<u>Lamech</u> was 182 when his son Noah was born. Lamech lived 777 years.

After Noah was 500 years old his sons: Shem, Ham, and Japheth were born.

Noah was 600 years old when the Great Flood covered all
the Earth. Everyone on Earth drowned except Noah, his
wife, and Shem, Ham, Japheth and their wives. They were
safe in the Ark they built; along with two of every kind of
animal on Earth.

<u>GOD promised never to flood the Earth again</u>!

GOD created the Rainbow to confirm to Noah and his family
he would never again flood the Earth.
Noah lived 950 years.

52

Qq Quill

Hint: Q is usually followed by U in a word.

Practice saying the short vowel sounds

a   e   i   o   u

Say aloud blend the consonant sound with the short vowel sounds.

qu + a→= qua   qu + e→= que   qu + i →= qui

qu + o→= quo   q + u→= qu

Say the blends   *then the words*

qua...ck→quack   *Hint: the (ck) combination makes the (k) sound.*

Que...en →queen   *Hint: the (e) vowel sound after (qu) says its own name, the long (e) sound*

qui...ck→quick   qui...z→quiz

qui...ll→quill   qui...t→quit

quo...te→quote   *Hint: the (o) vowel sound after (qu) says its own name, the long (o) sound*

Read the words:

quack   queen   quick   quill   quit   quiz   quote

53

Word Search

```
X Q U O T E P O N M K F Z V N B P X
A A I X O N K Q P Q U E E N K V K Z
H P L W P V N Y R U N V G X W M O H
Q A A O Y L K Q U I C K Q U I C K I
B B W Q I L H G G M B J I N O A A U
A Q U I T W P J P Q H R I I V M I U
Z Q N C Q B H J L Q O B N M P I L W
R Y J W B B W H Q U A C K Q U A C K
C B E H Y O O X N H X V N M U U E O
G W Q U I L L Q O K T U V H P M R W
Z P W R K H S W A C B Q U I C K Q U
C Q X G H I U U K R E R L A J L X L
B W Q U A C K R T K P K Q U I Z U D
V B N M U V G B P W X I N K J P F I
```

Find the words

QUACK	QUICK	QUIT
QUACK QUACK	QUICK QUICK	QUIZ
QUEEN	QUILL	QUOTE

54

Rr   Rod

Practice saying the short vowel sounds

a   e   i   0   u

Say aloud blend the consonant sound with the short vowel sounds.

r + a→= ra   r + e→= re   r + i → = ri

r + o→ = ro   r + u→= ru

Say the blends   *then the words*

ra..g→rag	ra..m→ram	ra..n→ran	ra..t→rat
re..d→red	ri..b→rib	ri..d→rid	ri..g→rig
ri..m→rim	ri..p→rip	ro..b→rob	ro..d→rod
Ro..n→Ron	ro..t→rot	ru..b→rub	ru..g→rug
ru..n→run	ru..t→rut		

Read the words: *Read the Sentence and Phrases:*

1.	rib	rob	rub
2.	red	rid	rod
3.	rag	rig	rug
4.	ram	rim	
5.	ran	Ron	run
6.	rap	rip	
7.	rat	rot	rut
8.	raw		

Ron ran from the rat.

A raw rib

The red rug

A rod

55

Word Search

X K Q H N X R I D M K F R A P B P X
A A I R O N K Q P Q V E H M K V K Z
H R U B P V N Y R U N V G X W R O T
Q A A O T N Y N N L M O U L M L O I
B B W Q I L R U G M B J I N R A M U
A K R A T W P G Q U K R I I V M I U
Z Q N C Q B R I M Q O N M P Y K W
R U T Q B B W H M N O N R A W Y O Q
C B E H Y O R A N H X V N M U U E O
G W C N E Q P Q O K L I I H R I P W
Z P W R A G S W A C B N M T H L Q U
C Q X G H I U U K R E R O B J L X L
B W R E D A A R T K P K R O D T U D
V B N M U V R I B W X I N K R I G I

Find the words

RAG	RAT	RID	ROB	RUB
RAM	RAW	RIG	ROD	RUG
RAN	RED	RIM	RON	RUN
RAP	RIB	RIP	ROT	RUT

56

Ss   Sub

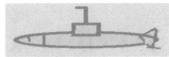

Hint: (S) can make the "s" or the "z" sound.

Practice saying the short vowel sounds

a   e   i   o   u

Say aloud blend the consonant sound with the short vowel sounds.

s + a→ = sa   s + e→ = se   s + i→ = si

s + o→ = so   s + u→ = su

Say the blends   then the words

sa..d→sad	sa..g→sag	Sa..l→Sal	Sa..m→Sam
sa..t→sat	se..t→set	Si..d→Sid	si..n→sin
si..p→sip	si..r→sir	si..s→sis	si..t→sit
si..x→six	so..b→sob	so..d→sod	so..p→sop
su..b→sub	su..m→sum	su..n→sun	su..p→sup

Read the words:

1. sob   sub
2. sad   Sid   sod
3. sag
4. Sal
5. Sam   sum
6. sin   son   sun
7. sap   sip   sop   sup
8. sir
9. Sis
10. sat   set   sit
11. six

Read the Sentences and Phrases:

Sam and Sid sat in the sub.

The sun

Sal set six sets of sop for sup.

Sis sat by Sal.

The sod

Sam is sad.

57

Word Search

```
X W Q T G F P O N S A P Z V N B P X
A A S U M N K Q P D X W J K S I S Z
H P L W P V N Y S U B V G X W M O H
Q S O P Y L K H R E T U U I S A T I
B B W Q I L H S O D B J I N O A A U
A S I P A W P J P Q H R I I V M I U
Z Q S A D B H J L Q O B S O N I L W
R Y J W B B W H f S U P F H S I X O
C B S I R O O X N H X V N M U U E O
G W W Q X S K Q O K T U V S A M R W
Z P W R K H S U N C B D S A G I Q U
C Q S E T I U U K R E R L A J L X L
B W B B R J S I T K P K M E E X U D
V B N S O B G B P W S I N K J P F I
```

Find the words

SAD	SAT	SIR	SOB	SUB
SAG	SET	SIS	SOD	SUM
SAM	SIN	SIT	SON	SUN
SAP	SIP	SIX	SOP	SUP

Review

Say the sounds

Qq   **Rr**   **Ss**

a   e   i   o   u

Note: When a word has only one vowel it usually says its short sound.

Say the blends   then the words

qu +ack→**quack**	qu +een→queen	qu +ick→**quick**
qu +ill→quill	qu +it→**quit**	qu +iz→quiz

----

ra +g→rag	ra +m→**ram**	ra +n→ran	ra +t→**rat**
re +d→**red**	ri +b→**rib**	ri +d→**rid**	ri +g→rig
ri +m→rim	ri +p→**rip**	ro +b→**rob**	ro +d→**rod**
Ro +n→**Ron**	Ro +ss→Ross	ro +t→**rot**	ru +b→**rub**
ru +g→rug	ru +n→**run**	ru +t→**rut**	

----

sa +d→**sad**	sa +g→sag	Sa +l→**Sal**	Sa +m→**Sam**
sa +t→**sat**	se +ll→**sell**	se +t→**set**	Si +d→**Sid**
si +ll→**sill**	si +n→**sin**	si +p→**sip**	si +r→**sir**
Si +s→**Sis**	si +t→**sit**	si +x→**six**	so +b→**sob**
so +ck→**sock**	so +d→sod	so +p→**sop**	su +b→**sub**
su +m→**sum**	su +n→**sun**	su +p→**sup**	

59

Reading Practice Challenge

The man Israel, had twelve sons from his many wives.

His favorite son was named Joseph. Joseph had dreams that foretold the future.

Joseph's ten older brothers hated him and plotted to get rid of him.

They threw him into a pit and sold him to some traders, who took Joseph to Egypt and sold him into slavery.

Joseph was very handsome. His master's wife wanted him to sin with her. When he refused her advances she told her husband that Joseph had attacked her! Joseph was put in prison!

Joseph did so well in prison that the Warden put him in charge second only to him!

Two prisoners from the King's palace had dreams that confused them. They asked Joseph to tell them what the dreams meant. Then what Joseph told them, happened!

Two years passed and the King had dreams that confused him. Only Joseph was able to tell the meaning of the King's dreams.

The King put Joseph in charge of the whole country, second only to the King!

The famine Joseph said would happen, happened! Only Egypt had food to sell. Joseph's family went down to Egypt to get food. Joseph had his family moved to Egypt and given the best land for their flocks.

His family grew to be the Jewish nation, called Israel after Joseph's father, Israel.

Tt   Tub

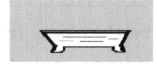

Practice saying the short vowel sounds

a   e   i   o   u

Say aloud blend the consonant sound with the short vowel sounds.

t + a→= ta   t + e→= te   t + i→= ti

t + o→= to   t + u→= tu

Say the blends   *then the words*

ta..b→tab	ta..d→tad	ta..g→tag	ta..ll→tall
Ta..m→Tam	ta..n→tan	ta..p→tap	ta..r→tar
ta..t→tat	ta..x→tax	Te..d→Ted	te..ll→tell
te..n→ten	Te..ss→Tess	ti..ll→till	Ti..m→Tim
ti..n→tin	ti..p→tip	To..dd→Todd	To..m→Tom
to..p→top	to..ss→toss	to..t→tot	tu..b→tub
tu..g→tug			

Read the words: *Read the Sentence and Phrases:*

1. tab   tub
2. tad   Ted   Todd   Ted and Tom
3. tag   tug
4. tall   tell   till   The tub
5. Tam   Tim   Tom   tum
6. tan   ten   tin   ton
7. tap   tip   top
8. tar   Ten tots run fast.
9. Tess   toss
10. tat   tot   Tut   A tad
11. tax   Tex   tux

61

Word Search

```
T U G T T P T O N M K F Z V T A R X
A A I X O N K Q P T A B A A K V K Z
T A L L P V N Y R U N V G X W M O H
Q A A O Y L K W U T I L L E E O Q I
B B W Q T E N G G M B T I N O A A U
T A D I O W P J P Q H R I I V M I U
Z Q N C Q B H J L Q O B T O P I L W
R Y J W T O S S H Q Q Q E R S W R L
C B E H Y O O X N H X V N M T A G O
G T U B H I I Q O K T U X H E M R W
Z P W R K H S W A C B F W T E L L U
C Q X G T A X U K R E R L A J L X L
B T I P Y E W R T A P K G H K K U D
V B N T O T G B P W X I N K T A N I
```

Find the words

TAB	TAN	TELL	TIP	TOT
TAD	TAP	TEN	TON	TUB
TAG	TAR	TILL	TOP	TUG
TALL	TAX	TIN	TOSS	TUX

62

Vv   Van

Practice saying the short vowel sounds

　　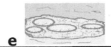　　　　　　

a　　　　　e　　　　　i　　　　　0　　　　　u

Say aloud blend the consonant sound with the short vowel sounds.

v + a→ = va　　　　　v + e→ = ve　　　　　v + i→ = vi

v + o→ = vo　　　　　v + u→ = vu

Say the blends　　　*then the words*

Va..l→Val　　　va..n→van　　　　va..t→vat　　　ve..t→vet

ve..x→vex　　　vi..m→vim

Read the words:　　　*Read the Sentence and Phrases:*

1. Val　　　　　　　　　Val parks the van.

2. vim

3. van　　　　　　　　　The vat

4. vat　　　vet

5. vex　　　　　　　　　A red van

63

Word Search

```
X W X Q A A P O N M V I M V N B P X
V A L X O N K Q P Y R E E V A N K Z
H P L W P V N Y V E T V E X W M O H
Q A V I M L K J Y T R V N K U J L I
B B W Q I L V A N M B J I N O A A U
A E Y R V A T J P Q H R I I V M I U
Z Q V E T B H J L V A L N M P I L W
R Y J W B B W H T Q G F O V E X Q X
C B E H Y O O X V I M V N M U U E O
G W V A L I E Q O K T U V H A V A N W
Z P W R K H S W A C B Y Y Q U Q Q U
C Q X V E X U U V E T R L A J L X L
B W S W R E E R T K P K D R E T U D
V A T M U V G B P W X I V A T P F I
```

Find the words

VAL	VAN	VAT	VET	VEX	VIM
VAL	VAN	VAT	VET	VEX	VIM
VAL	VAN	VAT	VET	VEX	VIM

Ww   Wall

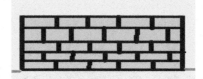

Practice saying the short vowel sounds

a   e   i   0   u

Say aloud blend the consonant sound with the short vowel sounds.

w + a→ = wa   w + e→ = we   w + i→ = wi

w + o→ = wo   w + u→ = wu

Say the blends   then the words

wa..g→wag   wa..ll→wall   wa..x→wax   we..b→web

we..d→wed   we..ll→well   We..s→Wes   we..t→wet

wi..g→wig   wi..ll→will   wi..n→win   wi..t→wit

wo..n→won

Read the words:

1. web
2. wed
3. wag   wig
4. wall   well   will
5. win   won
6. Wes
7. wet   wit
8. wax

Read the Sentences:

Wes won the red car.

The wall fell.

A bug is in the web.

Wes will wed Jill.

65

Word Search

```
X X T Y W I T O N M K F Z V N B P X
A A I X O N K W I G W P O U K V K Z
H P L W E L L Y R U N V G X W M O H
Q A A O Y L K G R E R E R E W E R I
B B W E B L H G G M B J I N O A A U
A H O U P W E T P Q H R I W O N I U
Z W I N Q B H J L Q O B N M P I L W
R Y J W B B W I L L Y T E Q W E D R
C B E H Y O O X N H X V N M U U E O
G W E S Y Q X Q O K T U V H P R R W
Z P W R K H S W A X B Q E T O U Q U
C Q X G H I U U K R E R L A J L X L
B W A L L E R R T K P K W A G B U D
V B N M U V G B P W X I N K J P F I
```

Find the words

WAG	WEB	WES	WILL	WIT
WALL	WED	WET	WIN	WON
WAX	WELL	WIG		

Review

Say the sounds

Tt   Vv   Ww

a   e   i   o   u

Hint: When a word has only one vowel it usually says its short sound.

Say the blends   then the words

ta +b→**tab**	ta +g→<u>tag</u>	Ta +m→**Tam**	ta +n→<u>tan</u>
ta +p→<u>tap</u>	Te +d→**Ted**	te +ll→<u>tell</u>	te +n→**ten**
Te +ss→**Tess**	ti +ll→<u>till</u>	Ti +m→**Tim**	ti +n→<u>tin</u>
ti +p→<u>tip</u>	To +dd→**Todd**	To +m→<u>Tom</u>	to +p→**top**
to +ss→**toss**	to +t→<u>tot</u>	tu +b→**tub**	tu +g→<u>tug</u>

----

va +n→<u>van</u>	va +t→**vat**	ve +t→<u>vet</u>	vi +m→**vim**
ve +x→<u>vex</u>			

----

wa +g→**wag**	wa +ll→<u>wall</u>	wa +x→**wax**	we +b→<u>web</u>
we +d→**wed**	we +ll→<u>well</u>	We +s→**Wes**	we +t→**wet**
wi +g→**wig**	wi +ll→<u>will</u>	wi +n→**win**	wi +t→<u>wit</u>
wo +n→<u>won</u>			

67

Reading Practice Challenge

Miracles of Moses

Little Moses in a basket in the river---Not crocodile food!
Found and kept as the son of a relative of the King of Egypt.

Moses becomes a shepherd in the land of Midian.
Moses talks with GOD at the burning bush that doesn't burn up!

Moses comes back to Egypt to confront the King:

Turns a staff into a serpent and back into a staff;
Frogs, frogs and more frogs everywhere in Egypt;
Gnats, gnats everywhere in Egypt;
Flies, flies everywhere in Egypt;
All the Egyptians' livestock dead. None of Israel's dead.
Boils, boils on all of the Egyptians;
Killing hail falls on Egypt, kills many plants and animals;
No hail on Israelite land or crops;
Locusts, locusts on all Egypt eating everything;
Darkness for 3 days in Egypt. No darkness in Israelite land.
Death of the first born of Egypt. Death Passes over the Israelites.

Moses parts the Red Sea... Israelites walk on dry ground. (Egypt's army all drown.)

Moses hits rock with staff and water comes out to drink.

Bitter waters at Marah turned good to drink.

Manna and Quail given by GOD to Israelites in the desert.

In battle with Amalekites, Israel won only as long as Moses held up his staff.

Moses gets Ten Commandments from GOD on the mountain.

The Israelites make a false god and 3,000 men fell dead.

Moses is hidden in the cleft of the rock as GOD passes by.
Moses' face shone from talking with GOD.

A Pillar of Smoke by Day...A Pillar of Fire by Night guides the Israelites for 40 years.

Korah rebels and GOD sends an earthquake. Korah and all his followers fall into the ground. Plague killed 14,700 Israelites who complained about Korah's death.

Moses gets mad and hits the rock at Meribah with his staff, to bring water out of the rock, when GOD had told him to talk to the rock, not hit it. GOD told Moses he would not enter the Land of Milk and Honey, for hitting the rock at Meribah.

Israelites speak against GOD and Moses. GOD sends serpents. Moses makes Bronze Serpent... the ones who look at it live. Death comes to the ones who do not look at it!

Israelites wander 40 years before GOD lets them enter the Land of Milk and Honey.

Xx   Six

6

Hint: (X) makes the "KS" sound when it comes at the end of a word.

Practice saying the short vowel sounds

a    e    i    o   u

Say aloud blend the consonant sound with the short vowel sounds.

a + x→ = ax   e + x→ = ex   i + x → = ix

o + x→ = ox   u + x→ = ux

Say the blends   *then the words*

a..x→ax	fa..x→fax	la..x→lax	Ma..x→Max
ta..x→tax	wa..x→wax	Re..x→Rex	ve..x→vex
fi..x→fix	mi..x→mix	si..x→six	o..x→ox
bo..x→box	fo..x→fox	po..x→pox	tu..x→tux

Read the words: **Read the Sentence and Phrases:**

1. ax   fax   lax   Max   tax   wax
2. Rex   vex   Rex will fax Max.
3. fix   mix   six   Six fox in a box
4. ox   box   fox   pox   A mix
5. tux   The tux

69

Word Search

```
X W A X T Q T U X M K F I X N B P X
A A I X O N K Q P A C G F W K V K Z
H P L W P V N Y R U N V G S I X O H
Q A X O Y L K U T A X F L L U I I
B B W Q I L H G G M B J I N O A A U
A H Z X Q W P J P Q H R I I V M I X
Z Q O X Q B H J L F A X N M P I L W
R Y J W B B W H W R T U Y P I I U Q
C B E H F O X X N H X V N B O X E O
G W L A X W X Q O K T U V H P M R W
Z P W R K H S W A C B H M A X W Q U
C Q X G H I U U K R E X L A J L X L
B W V E X E E R T K P K G S S R U D
V B N M U V G B P O X I N K J P F I
```

Find the words

AX	TAX	FIX	BOX
FAX	WAX	MIX	FOX
LAX	REX	SIX	POX
MAX	VEX	OX	TUX

Yy   Yell

Practice saying the short vowel sounds

a   e   i   0   u

Say aloud blend the consonant sound with the short vowel sounds.

y +a→ = ya   y +e→ = ye   y +i→ = yi

y + o→ = yo   y + u→ = yu

Say the blends   *then the words*

ya..k→yak   ya..m→yam   ya..p→yap   ye..ll→yell

ye..s→yes   ye..t→yet   yi..p→yip   yo..n→yon

yu..m→yum

Read the words: ## Read the Sentences and Phrases:

1. yak
2. yell
3. yam   yum
4. yon
5. yap   yip
6. yes
7. yet

A yak

"Yip, yap", went the dog.

Yum! Yams! Yes!

71

Word Search

```
X E X Z A Q P O N M K F Z V Y E T X
A Y E S O N K Q P V G R E Q K V K Z
H P L W P V N Y E L L V G X W M O H
Q A A O Y L K G F Y U L Y T Q A U I
B B W Q I L H G G M B J I N O A A U
A G Q Y U M P J P Q H R Y I M I U
Z Q N C Q B H J L Q O B N M P I L W
R Y J W B B W H Q U C D E U T R W A
C B E H Y A M X N H X V N Y A P E O
G W G W E I W Q O K T U V H P M R W
Z P W R K H S W A C B J Y A K J Q U
C Q X Y O N U U K R E R L A J L X L
B W K E E I E R T K P K J S A A U D
V B N M U V G B P W X I N K J P F I
```

Find the words

YAK YAP YES YIP YUM
YAM YELL YET YON

Zz   Zipper

Practice saying the short vowel sounds

a   e   i   0   u

Say aloud blend the consonant sound with the short vowel sounds.

$z + a \rightarrow = za$ $z + e \rightarrow = ze$ $z + i \rightarrow = zi$

$z + o \rightarrow = zo$ $z + u \rightarrow = zu$

Say the blends   *then the words*

za..g→zag   za..p→zap   zi..g→zig   zi..p→zip

Read the words: Read the Sentences and Phrases:

1. zag   Zig zag
2. zap   Zap the bug with the bug zapper.
3. zig   Zip the pants zipper.
4. zip   Zip code

73

Word Search

```
X H T R Q C P O N M K F Z V N B P X
A Z I G O N K Q P W X C K L K V K Z
H P L W P V N Y R U N V G X W M O H
Q A A O Y L K Y R Z I G Z A G E Q I
B B W Q I L H G G M B J I N O A A U
A R E E E W P J P Q Z A G I V M I U
Z Q N Z A P H J L Q O B N M P I L W
R Y J W B B W H C Z I P Y T T E Q U
C B E H Y O O X N H X V N M U U E O
G W W E R Z A P P E R U V H P M R W
Z P Z I P P E R A C B U Y R E E Q U
C Q X G H I U U K R E R L A J L X L
B W W Q H T T R T Z I P C O D E U D
V B N M U V G B P W X I N K J P F I
```

Find the words

ZAG   ZIG   ZAPPER   ZIPPER

ZAP   ZIP   ZIGZAG   ZIP CODE

Review

Say the sounds

Xx **6** Yy Zz

a   e   i   o   u

Hint: When a word has only one vowel it usually says its short sound.

Say the blends   then the words

a +x→<u>**ax**</u>   fa +x→<u>fax</u>   la +x→<u>lax</u>   Ma +x→<u>Max</u>

ma +x→<u>max</u>   ta +x→<u>**tax**</u>   wa +x→<u>wax</u>   Re +x→<u>**Rex**</u>

se +x→<u>**sex**</u>   ve +x→<u>**vex**</u>   fi +x→<u>**fix**</u>   mi +x→<u>mix</u>

si +x→<u>**six**</u>   o +x→<u>**ox**</u>   bo +x→<u>box</u>   fo +x→<u>**fox**</u>

po +x→<u>**pox**</u>

----

ya +k→<u>yak</u>   ya +m→<u>**yam**</u>   ya +p→<u>**yap**</u>   ye +ll→<u>**yell**</u>

ye +p→<u>**yep**</u>   ye +s→<u>yes</u>   ye +t→<u>**yet**</u>   yi +p→<u>yip</u>

yo +n→<u>yon</u>   yu +m→<u>**yum**</u>

----

za +g→<u>**zag**</u>   za +p→<u>**zap**</u>   zi +g→<u>zig</u>   zi +p→<u>**zip**</u>

zip +per→<u>zipper</u>

75

Reading Practice Challenge

David --- Shepherd to King

David (the great-grandson of Boaz and Ruth) was the youngest of eight brothers.

David tended his father's sheep. David killed lions and bears while watching his father's flock.

David is known for killing the giant Goliath. When all of Israel's men were scared of Goliath, only young David volunteered to fight the giant!

King Saul dressed David in his own armor. Saul's armor was BIG – David was NOT – The armor of King Saul did not fit David.

David took his sling and five smooth stones. (Scholars say): One stone for Goliath, and four more stones for Goliath's four BIG relatives!

David told Goliath that he would win the battle, since he, David, had GOD's help!

David became King Saul's son-in-law.

The prophet Samuel, at GOD's direction, anointed David king when Saul was still king.

King Saul hated David and tried to kill him.

David hid from King Saul for a very long time until King Saul was killed in battle.

David was then crowned king.

76

Long Vowels and their Sounds

The Long vowel says its name

Hint: When a word has 2 vowels, the first vowel usually says its name, while the second vowel is silent.

<u>A a</u>   as in   <u>Ace</u>

<u>E e</u>   as in   <u>Bee</u>

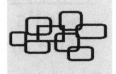

<u>I</u> <u>i</u>   as in   <u>Ice</u>

<u>O o</u>   as in   <u>Oats</u>

<u>U u</u>   as in   <u>Unicorn</u>

(a   e   i   o   u)

77

Aa   Ace

Hint: (a line) over a vowel means use the long vowel sound.
(u) over a vowel means use the short vowel sound.
If a vowel has (a line) through it... means it makes no sound

Practice the Long   (A)   Sound

ba   ca   da   fa   ga   ha   ja   ka   la

ma   na   pa   ra   sa   ta   va   wa   za

Practice   the sounds (long and short)

da...da   fa...fa   ha...ha   ba...ba

ma...ma   pa...pa   Dan...Dane   lad...laid

ran..rain   pad..paid   tap..tape   man..mane

Jan..Jane   Sam..same   pan..pane   at..ate

Tam...tame   rat...rate   slat...slate

<u>Practice the long Aa sounds</u>

ba̅....ke	ra̅....ke	ca̅...ke	la̅....ke
ma̅...ke	sa̅...ke	ta̅..ke	wa̅....ke
ba̅...il	fa̅...il	ga̅...le	ha̅...il
ma̅...il	ma̅...le	na̅...il	pa̅...le
ra̅...il	sa̅...il	ta̅...il	ma̅...te
la̅...te	ga̅...te	ha̅...te	la̅...id
ma̅...id	ma̅...de	pa̅...id	ra̅...id

<u>Practice saying the sound</u> ŭa ā

băt	căt	făt	fāte	hăt
hāte	lāte	măd	man	hăd
gāme	lāme	fāke	nāme	răn
băd	tāme	pāid	păd	păt

Say the sight words: the a to

79

Word Search

```
X W A A A Q P O N M L A K E N B P X
F A I L O N K Q P N W R L A T E K Z
H P L W P V M A T E N V G X W M O H
Q A A O Y L K F L L G F V B H A I L
B B W F A T H G G C A T I N O A A U
A G W E E W G A T E H R A K E M I U
Z M A D Q B H J L Q O B N M A N L W
R Y J W B B A I L E E T Y J M X Z Z
C H A T E O O X N H X V M A I L E O
G W Y D B A T Q O K T U V H P M R W
Z P W R K H S W A C B H A T A E Q U
C A K E H I U U K R E R L A J L X L
B W G B A K E R T K P K K K P A D D
V B N M U V G B R A N I N K J P F I
```

Find the words

BAKE	BAT	BAIL	MAD	GATE
CAKE	CAT	FAIL	MAN	HATE
LAKE	FAT	HAIL	PAD	LATE
RAKE	HAT	MAIL	RAN	MATE

E̅e̅   B̅ee

Hint: (a line) over a vowel means use the long vowel sound.
(u) over a vowel means use the short vowel sound.
If a vowel has (a line) through it... means it makes no sound

Practice the Long and Short   (E)   Sounds

be̅   ce̅   de̅   fe̅   ge̅   he̅   je̅   ke̅   le̅

me̅   ne̅   pe̅   re̅   se̅   te̅   ve̅   we̅   ye̅

we   ge   ye   be   de   re   se   te   me

Practice   the sounds (long and short)

beat..bet   read..red..reed   bed..bead

seal..sell   Pete..pet   den..Dean   fed..feed

fell..feel   her..hear..here   met..meet..meat

heat   neat   deed   feed   need   seed   weed

Jeep   keep   beep   heap   leap   deep

peep   Ben   Ken   men   ten   tea   beef

deal   fell   feel   heel   heal   heap   fed

Ned   pen   bed   reed   led   team   seam

81

Word Search

X X D F E D P O N M E N Z V N B P X
A A I X O N K Q P N T O A W E D K Z
H F E E D V N Y R H E A P X W M O H
Q A A O Y L W E E D W X Z D E E D I
B B W Q I L H G G M B J I N O A A U
A W Q B E A D J P Q H R E E D M I U
Z Q N C Q B H J L Q O B N M P I L W
R Y J W M E E T Q G E S E L L O I K
C B E T Y O O X N H V N M U U E O
G W W D G U O M E A N U V H M E T W
Z P N E A T S W A C B H Q D H K Q U
C Q X G H B E A T R E R L A B E D L
B W F J Y M V R T K P R E D A A U D
S E A L U V G B P W X I N K B E E P

Find the words

BEAT	BET	BEEP	MEET	MET
BEAD	BED	DEED	REED	RED
FEED	FED	HEAP	SEAL	SELL
MEAN	MEN	NEAT	WEED	WED

Review of short and long   Aa   and   Ee

mall--mail   **pal--pale--pail**

Sal--sale--sail   tall--tale--tail

bat	**Nat**	**Nate**	**Ben**
seed	save	rave	rat
bean	**pet**	**beg**	**Pete**
pail	pan	bail	hail
had	**bad**	**Neil**	**meal**
peep	reed	weed	keen
cane	**made**	**Jane**	**cape**
ate	mane	same	gate
mate	**late**	**mail**	**sail**
seat	feet	beet	beat
seek	**leaf**	**heel**	**deed**
weak	week	peel	deal
seal	**bead**	**deep**	**peek**

Some special exception long E sound words
be   he   me   she   we

Say the sight words: the   a   to

83

Reading Practice Challenge

Fun Bible Stuff

Gideon asks for and gets a sign from GOD -- Twice!

1st DAY -- The Fleece, if wet, while all the ground is dry means GOD will deliver Israel.

2nd DAY – The Fleece, if dry, while all the ground is wet confirms GOD will deliver Israel.

GOD answered each day that He would deliver Israel.

Gideon's army of 300 men (armed with a trumpet in one hand, and a clay pitcher with a torch inside in the other hand) surround the enemy's camp at night. Each man blew his trumpet and broke his clay pitcher open. All 300 then shouted, "The sword of the LORD and of Gideon!" The enemy was scared and then GOD turned them on each other as they fled from Gideon's Army!

Ruth married one of Naomi's two sons in the country of Moab. Naomi's husband and two sons died while they were in Moab. Naomi went back home to Israel. Ruth went with her, to care for her mother-in-law Naomi. While working, Ruth met Boaz, a wealthy older relative of Naomi. Boaz loved Ruth and married her. *They became the great-grandparents of King David!*

When the Ark of the LORD (which Moses had made to carry the Ten Commandments) was captured by the Philistines, they took it to the temple of their god, Dagon. They placed the Ark of - the LORD next to Dagon's statue. The next day Dagon was fallen on its face before the Ark of the LORD. The Philistines stood the statue of Dagon back up. The next day, Dagon was back on its face before the Ark of the LORD... *but, this time, Dagon's head and hands were broken off!*

84

Īi   Īce

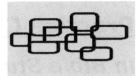

Hint: (a line) over a vowel means use the long vowel sound.
(u) over a vowel means use the short vowel sound.

Practice the Long and Short (I) Sounds

bī	cī	dī	fī	gī	hī	jī	kī	lī
mī	nī	pī	rī	sī	tī	vī	wī	yī
wĭ	gĭ	yĭ	bĭ	dĭ	rĭ	sĭ	tĭ	mĭ

Practice   the sounds (long and short)

pīle..pĭll   tīme..Tĭm   sīde..Sĭd

hid/hide   rip/ripe   fin/fine   bit/bite

fill/file   dim/dime   kit/kite   bid/bide

Now practice the long (I) sound words

ice	nice	bike	Ike	hike	like	mike	pike
wide	tide	pipe	wipe	dine	mine	nine	pine
wine	site	Nile	tile	line	ride	mice	rice
hive	mile	pie	dive	five	hive	wife	life

85

Word Search

```
X A U H I K E O N M K F Z V N I C E
A M I L E N K Q P Q G F R K I C E Z
H P L W P V N Y M I N E G X W M O H
F I V E Y L K G T E W Q H U U O N I
B B W Q I L I F E M B P I N E A A U
A V V H X W P J P Q H R I I V M I U
Z P I P E B H J L Q O B N M I C E W
R Y J W B B W H H I V E M N P L W I
C B E H Y O O X N I N E N M U U E O
G W R L I N E Q O K T U V H D I N E
Z D I V E H S W A C B H G T R A Q U
C Q X G H I B I K E E R M I K E X L
B W R I C E K R T K P K K W G D U D
V B N M U V L I K E X I N K J P I E
```

Find the words

BIKE	HIKE	LIKE	MILE	PIE
DINE	HIVE	LINE	MINE	PINE
DIVE	ICE	MICE	NICE	PIPE
FIVE	LIFE	MIKE	NINE	RICE

86

Review of long {Aa Ee and Ii}

Practice saying the long (a e i) sound words

cape	ate	mane	same	take
gate	mate	late	mail	tail
sail	lake	cake	make	Dave
cave	fake	name	bake	fade
rain	game	wait	tape	nail
bait	gave	pain	date	feed
Pete	feel	Jean	need	seat
meat	heat	feet	weed	read
seed	keep	Jeep	leap	peak
beep	see	meal	beef	deep
tea	neat	beet	seek	team
leaf	queen	heel	deed	seal
weak	week	peel	eat	bead
deal	peek	we	he	she
hide	ripe	kite	fine	dime
ice	lice	bike	file	bite
hive	like	mile	nine	life
pie	dive	line	five	pile
time	wine	wipe	side	live
wife	vine	rice	dice	wide
ride	tide	nice		

87

Word Search

```
M I L E T T P O D I M E Z B E E P X
A T E X O N K I T E U I H H K V K Z
H P L W P V N Y Y U N V G X W M O H
Q A A O Y L K H G W A I T R E B Q I
B B H E A T H G G M B J I N O A A U
A G Q W T W P J P Q H R I I F E E T
Z Q N C A P E J L Q O B N M P I L W
R Y J W B B D E E P M L P A I N W Q
C B E H Y O O H I D E V N M U U E O
L E A P C Z X Q O K T U M E A L R W
Z P W R K H S W E C B G I I O Y Q U
C Q X G S I D E K R E R F A K E X L
B F I N E I R R T K P K W R W E U D
V B N M U V G A M E X I N W I F E I
```

Find the words

ATE	PAIN	FEET	WE	KITE
CAPE	WAIT	HEAT	DIME	MILE
FAKE	BEEP	LEAP	FINE	SIDE
GAME	DEEP	MEAL	HIDE	WIFE

88

‾Oo   ‾Oats

Hint: (a line) over a vowel means use the long vowel sound.
(u) over a vowel means use the short vowel sound.
If a vowel has (a line) through it... means it makes no sound

Practice the Long and Short (O) Sounds

bō	cō	dō	fō	gō	hō	jō	kō	lō
mō	nō	pō	rō	sō	tō	vō	wō	yō
wŏ	gŏ	yŏ	bŏ	dŏ	rŏ	sŏ	tŏ	mŏ

Say the long and short (O) words

bōat/bŏt   nōte/nŏt   rōde/rŏd

rōbe/rŏb   cōde/cŏd .   cōat/cŏt

Practice the long O sound words

road	rode	robe	bode	code	goad	load	lobe	mode
toad	poke	oak	soak	woke	hope	cope	mope	soap
goat	oat	moat	note	vote	bone	cone	hone	lone
loan	moan	tone	zone	coke	home	foam	roam	Rome
poem	loam	dome	joke	pole	mole	goal	foal	coal
role	soul	boat	hole	rope	Joe	nose	hose	rose
foe	woe	roe	doe	toe				

89

Word Search

```
R O A D U A B O N E K F Z V N B P X
A A I S O U L Q P W G J Y W G O A T
H P L W P V N Y G O A D G X W M O H
Q M O A N L K G R Y T B X S Z W E I
B B W Q I L H G J O K E I D O M E U
A E W T O N E J P Q H R I I V M I U
Z Q N C Q B H J L C O N E M P I L W
R L O N E B W H F R U E H O P E U E
C B E H B O D E N H X V N M U U E O
G W W O E S W Q O K T U V C O D E W
Z P W R K H S W A C O P E E R Q Q U
C Q X G H I U U K R E R L A J L X L
F O A L E Q W R B O A T M H L I U D
V B N O S E G B P W X F O A M P F I
```

Find the words

BODE	COPE	FOAL	JOKE	ROAD
BONE	CONE	GOAD	LONE	SOUL
BOAT	DOME	GOAT	MOAN	TONE
CODE	FOAM	HOPE	NOSE	WOE

U̅u̅   U̅nicorn

Hint: (a line) over a vowel means use the long vowel sound.
(u) over a vowel means use the short vowel sound.
If a vowel has (a line) through it... means it makes no sound

Practice the Long and Short   (U)   Sounds

b̄u	c̄u	d̄u	f̄u	ḡu	h̄u	j̄u	k̄u	l̄u
m̄u	n̄u	p̄u	r̄u	s̄u	t̄u	v̄u	w̄u	ȳu
w̆u	ğu	y̆u	b̆u	d̆u	r̆u	s̆u	t̆u	m̆u

Say the long and short   (U) words

m̄ute/m̆utt   c̄ute/c̆ut   d̄une/d̆un

tube/tub   use/us   bute/but

duel/dull   fuse/fuss

Practice the long (U) sound words

dude	rude	cube	lube	tube	use	fuse
muse	ruse	cute	lute	mute	June	dune
tune	Luke	Duke	mule	duel	fuel	rule

91

Word Search

```
X V B M B F U S E M K F Z D U E L X
L U B E O N K Q P F D T R E K V K Z
H P L C U B E Y R U N V G X W M O H
Q A A O Y L K J U N E E E T U B E I
B T U N E L H G G M B J I N O A A U
A F R W Q W P J P Q H R U S E M I U
Z Q N C Q B D U N E O B N M P I L W
D U D E B B W H U S E W B B W H R R
C B E H Y O O X N H X V N M U T E O
G W F U E L E Q O K C U T E P M R W
Z P W R U D E W A C B T H R R P Q U
M U L E H I L U K E E R L A M U S E
B W V H T O I R T K P K L E E E U D
V L U T E V D U K E X I N K J P F I
```

Find the words

CUBE	DUKE	JUNE	MULE	RUSE
CUTE	DUNE	LUBE	MUSE	TUBE
DUDE	FUEL	LUKE	MUTE	TUNE
DUEL	FUSE	LUTE	RUDE	USE

Review of long (Oo) and (Uu)

Say the long (o) and (u) sound words

oat	**coat**	**moat**	**goat**	**boat**
bode	code	goad	load	mode
road	**rode**	**toad**	**lobe**	**robe**
poke	oak	soak	woke	hope
cope	**mope**	**soap**	**note**	**vote**
bone	cone	hone	lone	loan
moan	**tone**	**zone**	**coke**	**home**
foam	roam	Rome	poem	loam
dome	**joke**	**poke**	**pole**	**mole**
goal	foal	coal	role	soul
hole	**rope**	**Joe**	**nose**	**hose**
foe	rose	toe	doe	dude
rude	**cube**	**lube**	**tube**	**use**
fuse	muse	ruse	cute	lute
mute	**June**	**dune**	**tune**	**Luke**
Duke	mule	duel	fuel	rule

Word Search

```
X  W  A  A  R  W  P  O  N  L  O  A  N  V  N  B  P  X
A  A  I  D  O  E  K  Q  P  W  F  O  A  M  K  V  K  Z
H  R  O  M  E  V  N  Y  R  U  L  E  G  X  W  M  O  H
Q  A  A  O  Y  L  K  F  E  R  R  T  Y  H  O  P  E  I
P  O  E  M  I  L  H  G  G  U  S  E  I  N  O  A  A  U
A  W  S  S  Q  W  P  J  P  Q  H  R  I  I  V  M  I  U
Z  G  O  A  T  B  H  J  L  Q  O  B  O  A  T  I  L  W
R  Y  J  W  B  O  N  E  T  R  U  S  E  E  Q  A  Y  W
C  B  E  H  Y  O  O  X  N  H  X  V  N  M  U  U  E  O
G  D  O  M  E  R  K  Q  O  K  T  U  B  E  P  M  R  W
Z  P  W  R  K  H  S  W  A  C  O  A  L  R  R  Q  Q  U
C  V  O  T  E  I  U  U  K  R  E  R  L  M  O  P  E  L
B  W  G  E  E  C  U  T  E  K  P  K  L  G  D  A  U  D
V  B  F  U  S  E  G  B  P  W  X  I  N  L  U  T  E  I
```

Find the words

BOAT	DOME	GOAT	MOPE	RUSE
BONE	DOE	HOPE	POEM	TUBE
COAL	FOAM	LOAN	ROME	USE
CUTE	FUSE	LUTE	RULE	VOTE

Reading Practice Challenge

Young Friends

Daniel and his three fellow Hebrew friends were taken as captives to Babylon. They refused to eat the meat that had been offered as sacrifices to false gods. Daniel made a deal with his overseer, that he and his friends would not eat any meat for ten days. If they looked healthy and fit after ten days, they would not have to eat any of the meat sacrificed to idols. They finished their fast, and were in better shape than all of the captives! They did not have to eat the meat, EVER!

The king of Babylon had a dream that only Daniel could explain. The dream was about a strange statue. Daniel told the king that GOD was telling him about the kingdoms that would follow his. The king was so happy that he promoted Daniel to Ruler over the entire province of Babylon, and Chief Governor over all the wise men of Babylon.

The king of Babylon made a 90 foot tall gold statue and ordered everyone to fall down and worship the statue when a special music was played. Anyone who would not worship the statue was to be thrown into a furnace of blazing fire!

Some jealous men told the king that Daniel's three friends would not fall down and worship his statue. The king had Daniel's three friends thrown into the fiery furnace after they told the king that they believed in a God who would save them, and that they would not serve any of Babylon's gods or the gold statue!

The fiery furnace was so HOT that the guards died from the heat when they threw the three friends into it! The king looked into the furnace and said that he saw four men walking about unbound in the flames! That the fourth man looked like the Son of God! The king called to the three friends to come out of the furnace. When the three friends came out they were fine, even their clothes did NOT smell of smoke!

95

Review of the Vowels

Say the long and short vowel sounds

ă ĕ ĭ ŏ ŭ ā ē ī ō ū

Say the blends and words

dā	bē	nī	sō	nū
lō	dū	nā	pī	gē
bă	fĕ	gĭ	rŏ	cŭ
mā	bĕ	bī	nŏ	gŭ

băt/bāit   bĭd/bīde   wĕd/wēed

cŏt/cōat   cŭt/cūte

lāme	bēe	dīe	fōe	dūel	bāit
wāit	dīme	sĕt	Gŏd	pŭp	bĭd

Hint: ***Exception words that have the long E sound***
(be   he   me   she   we)

Hint: ***Special sound words (to   too   two)***
All three sound like: (2)

Say the Sight words: the   a   to

96

E ----- O ----- Y

Hint: Short words ending E, O, or Y usually say the long vowel sound.

Hint: Some exceptions are: do and to.

be	he	me	she	we	acne
Bo	go	ho-ho-ho		no	so
by	Bly	cry	dry	fly	fry	my
ply	pry	shy	sly	try	why

(S) Sounds like (S) or (Z)

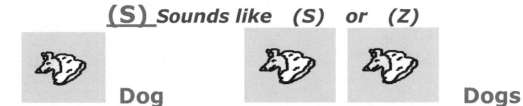

Dog   Dogs

Adding (S) to the end of a word makes the word mean more than one
Or it can mean the word does an action

cat/cats	dog/dogs	hat/hats	rat/rats
bat/bats	rug/rugs	rib/ribs	cap/caps
bike/bikes	bell/bells		mule/mules
make/makes	take/takes		mend/mends
tell/tells	bill/bills		hide/hides
pop/pops	tip/tips		rip/rips
hug/hugs	dig/digs		rob/robs

97

Word Search

```
X  W  A  A  Q  T  P  O  F  L  Y  F  Z  V  B  B  Y  X
A  B  I  K  E  S  K  Q  P  N  B  V  C  A  T  S  K  Z
H  P  L  W  P  V  N  Y  H  U  G  S  G  X  W  M  O  H
Q  A  G  O  Y  L  B  E  T  R  G  F  N  X  Z  W  E  I
B  B  W  H  Y  L  H  G  G  M  B  J  I  N  O  A  A  U
A  B  O  P  R  W  P  J  P  O  P  S  I  I  V  M  I  U
Z  Q  N  C  R  Y  H  J  L  Q  O  B  N  M  P  I  L  W
R  Y  J  W  B  B  W  H  D  R  Y  F  N  V  X  E  E  S
C  M  E  N  D  S  O  X  N  H  X  V  N  M  Y  U  E  O
G  W  Q  G  T  P  N  D  I  G  S  U  V  H  P  M  R  W
Z  P  W  R  K  H  S  W  A  C  B  A  T  S  W  Q  Q  U
C  Q  X  G  R  I  B  S  K  R  E  R  L  A  J  L  X  L
B  W  Q  W  F  R  Y  R  T  K  P  K  N  M  E  O  U  D
V  T  R  Y  U  V  G  B  P  W  X  I  N  O  J  P  F  I
```

Find the words

BE	CRY	FLY	ME	POPS
BATS	CATS	FRY	MY	RIBS
BIKES	DIGS	GO	MENDS	TRY
BY	DRY	HUGS	NO	WHY

<u>AY</u>   Ray

Hint: AY (makes the long A sound) and usually comes at the end of a word.

ray	cay	day	gay	hay	gray	flay	stay	tray
Jay	Kay	lay	May	pay	bay	say	way	clay
play	fray	slay	today	pray	bray	dray		

<u>PL</u>   Plant

<u>Practice the sounds</u>

pla̮ plā ple̮ plē pli̮ plī plo̮ plō plu̮ plū

place   plain   plane   plant   plants   plate

play   please   plod   plop   plow   ploy

pluck   plug   plumb   plume   plump   plus

Say the sight Words: do   says

99

Word Search

```
X M A Y D R P L A N E F Z V N B P X
A A L A Y N K Q P T R E Q S K V K Z
H P L A C E N Y R U N V P L U S O H
Q A A O Y L K W A Y T V X X A F T I
B B D A Y L H G G M P R A Y O A A U
A W Y U I W P J P Q H P L U C K I U
Z Q N C L A Y J L Q O B N M P I L W
R Y J W B B W G R A Y F K L B C X Z
C P L A I N O X N H X V N P L O W O
G W W D J X X P L U M P V H M R W
Z P L A T E S W A C F R A Y W C Q U
C Q X G H I U U K R E P L A Y L X L
B W B T O D A Y T K P L A N T S U D
V B N M U V G B A Y X I N K J P F I
```

Find the words

BAY	GRAY	TODAY	PLANE	PLOW
CLAY	LAY	WAY	PLANTS	PLUCK
DAY	MAY	PLACE	PLATE	PLUMP
FRAY	PRAY	PLAIN	PLAY	PLUS

100

<u>ST</u> Steps

<u>*Practice the sounds*</u>

sta ˘ sta ‾ ste ˘ ste ‾ sti ˘ sti ‾ sto ‾ sto ˘ stu ˘ stu ‾

<u>*Say the Words*</u>

stack	stage	stairs	stake	Stan	stars
start	state	stay	steep	stem	steps
stick	still	sting	stir	stone	stop
store	storm	stove	dust	gust	just
lust	must	rust	cast	fast	last
mast	past	vast	best	jest	nest
pest	rest	test	west	vest	zest
fist	list	mist	boast	coast	roast
toast	lost	cost			

101

Word Search

```
X T R W W E P O N M K T E S T B P X
A A I R O A S T P G H L N M A S T Z
H P L W P V N Y R U N V G X W M O H
Q A J U S T K H G S T O P N X Z Z I
B B W Q I L H G S T A C K N O A A U
A S T A Y W P A S T H R S T I R I U
Z Q N C Q B H J L Q O B N M P I L W
R Y J S T I N G H H F V S T A R S U
C B E H Y O C O A S T V N M U U E O
G U S T G F A Q O K T U S T O R M W
Z P W R K H S T A G E Y T R R E Q U
C O S T H I U U K R E S T I L L X L
B W F R Q D V S T O N E F H G J U D
V B S T O V E B P W X I N D U S T I
```

Find the words

STACK	STILL	STOP	GUST	TEST
STAGE	STING	STORM	JUST	COAST
STARS	STIR	STOVE	MAST	ROAST
STAY	STONE	DUST	PAST	COST

102

<u>Ck</u>   **Buck**

Hint: Ck usually comes after a short vowel sound.

<u>Practice the sounds</u>

ŭ   ŭ   ŭ   ŭ   ŭ
ack   *eck*   *ick*   *ock*   *uck*

<u>Say the Words</u>

buck	duck	luck	muck	puck	suck
tuck	back	jack	lack	pack	rack
sack	tack	deck	neck	peck	hick
kick	lick	pick	Rick	sick	tick
cock	dock	hock	lock	mock	rock
sock	tock	quack	quick		

<u>Ke</u>   **Cake**

Hint: Ke usually comes after a long vowel sound.

<u>Say the Words</u>

bake	cake	fake	Jake	lake	make
rake	sake	take	wake	quake	
bike	hike	like	mike	Pike	tike
coke	joke	poke	woke		
Duke	juke	Luke	nuke		

103

Word Search

```
X L I C K S P O N W O K E V N B P X
A A I X O N D U C K G G H N K V K Z
H P L S A K E Y R J N L A C K M O H
Q M A K E L K R W E Q S S S T V B I
B B W Q I L H I K E B J I N O A A U
A R A C K W P J P Q H R B A K E I U
Z Q N C Q B A C K Q O B N M P I L W
R Y J W B B W H G P D O C K M K O R
C B E H S O C K N H X V N M U U E O
G C O K E L A Q O K T U R A K E R W
Z P W R K H S F A K E I A O U E Q U
C Q U A K E U U K R E R L J O K E L
B W W R O C K R T K P K J F R P U D
V B N M O C K B P W X I B U C K F I
```

Find the words

BACK	LACK	ROCK	FAKE	QUAKE
BUCK	LICK	SOCK	HIKE	RAKE
DOCK	MOCK	BAKE	JOKE	SAKE
DUCK	RACK	COKE	MAKE	WOKE

104

Th   (Thick/Thin)

Hint: Th can make a hissing sound

Practice the sounds

tha   the   thi   tho   thu

tha   the   thi   tho   thu

Say the Words

thick	thin	thud	theft	thump
thing	path	math	with	fifth
thank	third	worth	moth	thunder
cloth	bath	mouth	hath	south

Th   (as in Then)

Hint: Th can make a soft sound

Say the Words

Thy   then   that   Thine

this   Thee   they   them

Say the Sight Words: I (sounds like long I)
You (sounds like long u)

Word Search

```
W I T H W D P O N M K F Z V N B P X
A A I T H E N Q P G H R T H U D K Z
H P L W P V N Y R U T H E Y W M O H
Q H A T H L K T E W W Q S F D F A I
B B W Q C L O T H M B J W O R T H U
M A T H E W P J P A T H I I V M I U
Z Q N C Q B H J L Q O B N M P I L W
R Y J W B B W H T T H E F T A W R T
C T H U M P O X N H X V N M U U E O
G W B V T H I C K K T H E M P M R W
Z P W R K H S T H A T B F R T O Q U
T H U N D E R U K R E T H I N L X L
B A T H S C F R T H I R D F D R U D
V B N F I F T H P T H I N G J P F I
```

Find the words

THAT	THEY	THIRD	BATH	MATH
THEFT	THICK	THUD	CLOTH	PATH
THEM	THIN	THUMP	FIFTH	WITH
THEN	THING	THUNDER	HATH	WORTH

106

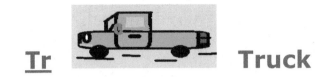

Tr — Truck

Practice the sounds

tra tra tre tre tri tri tro tro tru tru

Say the Words

truck	trod	trap	trace	tray	track
trade	**trail**	**train**	**treat**	**tree**	**trees**
trick	tried	trim	trims	trip	trust
try	**Trudy**	**Troy**			

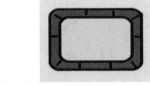

Fr — Frame

Practice the sounds

fra fra fre fre fri fri fro fro fru fru

Say the Words

fright	fraught	fraud	fragile	Fred
fry	**free**	**frog**	**fried**	**frail**
frame	frock	from	frost	froze
freeze	**frozen**	**frosty**	**freight**	**fray**

Say the sight words: one   are

107

Word Search

```
X D F R E E Z E N M K F Z T R I P X
T R A Y O N K Q P G T R E E K V K Z
F R O Z E N N Y R T N V G X W M O H
Q A A O Y L K G F R A U D F G Q A I
B B T R I C K G G M B J T R A I N U
A F R I G H T J P Q H R F R O S T U
Z Q N C Q T R O D Q O B N M P I L W
R F R O M B W H H G R F R I E D C C
C B E H Y O O X N H X V N M U U E O
G W R Q S T F R E E T U V H P M R W
T R A C K H S W A C B Y T R E A T U
C Q X G H I T R U S T R L A J L X L
F R A M E Z G R T R A D E E E E U D
V B N M T G U D P W X F R O G P F I
```

Find the words

FRAME	FRIGHT	FROST	TRAIN	TRICK
FRAUD	FRIED	FROZEN	TRAY	TRIP
FREE	FROG	TRACK	TREAT	TROD
FREEZE	FROM	TRADE	TREE	TRUST

108

<u>Cl</u>   Clam

Practice the sounds

cla   cla   cle   cle   cli   cli   clo   clo   clu   clu

Say the Words

class	claw	cleft	cliff	clam	claim
cloth	clean	club	clip	click	clay
clash	clap	cluck	clips	clamp	clown
close	clink	cleans	clear	clerk	climb
clock	cloud	clad	clod	clot	clue

<u>Gl</u>   Globe

Practice the sounds

gla   gla   gle   gle   gli   gli   glo   glo   glu   glu

Say the Words

globe	glass	glad	Glen	glue	glide
glaze	glum	glance	glow	glare	glove
glob	gland	gleam	glib	gloss	glamour

109

Word Search

```
X V C L A P P O N M K F Z V C L A W
G L O S S N K Q P G L E A M K V K Z
H C L A Y V N Y R P N V C L U B O H
Q A A O Y L K W Q D F G H Y R E B I
B B G L U M H C L A M J I N O A A U
A W R A A W P J P Q H R G L O V E U
Z Q N C L E A N L Q O B N M P I L W
R G L U E B W H Q G L I B Y R E W Q
C B E H Y O O C L I F F N M U U E O
G L I D E D W Q O K T C L E F T R W
Z P W R K H G L A S S W R Q D R Q U
C L A D H I U U K R E R L A J L X L
B W R A A A C L E A R K J R E L U D
V G L O B E G B P W X I G L A D F I
```

Find the words

CLAD	CLAY	CLIFF	GLEAM	GLOSS
CLAM	CLEAN	CLUB	GLIB	GLOVE
CLAP	CLEAR	GLAD	GLIDE	GLUE
CLAW	CLEFT	GLASS	GLOBE	GLUM

110

<u>Dr</u>   Drip

Practice the sounds

dra   dra   dre   dre   dri   dri   dro   dro   dru   dru

Say the Words

drip	**drill**	**drive**	**dry**	**drop**	**drum**	**drain**
dries	drift	drag	dream	drove	dress	drape
draw	**drab**	**drank**	**drink**	**drawn**	**dread**	**drew**

<u>Pr</u>   Pray

Practice the sounds

pra   pra   pre   pre   pri   pri   pro pro   pru   pru

Say the Words

pray	prick	print	press	prop	prize
prune	**pride**	**praise**	**prays**	**preach**	**prince**
proud	prim	profit	prod	prose	presence
prove	**profess**	**private**	**proven**	**problem**	
promise	prophet	probable	preacher	profession	

Say the sight words: of   loved   one   where

111

Word Search

```
X G W Q P P R U N E K F Z V N B P X
A A I X O N K Q P R O F I T K V K Z
H P R E A C H Y A U N D R I V E O H
Q A A O Y P R A I S E Y M O Q E R I
B B P R A Y H D R A N K I N O A A U
D R Y Y O W P J P R O D I I V M I U
Z Q N D R O P J L Q O B D R A P E W
R Y J W P R O V E C X Z Q R S A I
C B E H Y O O P R E S S N M U U E O
G D R A B O S Q O K T U V H M R W
Z P R I D E S W A C B Y Y D R I P U
C Q X G H I D R A G E R L A J L X L
B W A A W W L D R E A M U U I E U D
D R E W U V G B P R I Z E K J P F I
```

Find the words

DRAB	DREAM	DROP	PREACH	PROD
DRAG	DREW	DRY	PRESS	PROFIT
DRANK	DRIP	PRAISE	PRIDE	PROVE
DRAPE	DRIVE	PRAY	PRIZE	PRUNE

112

<u>FL</u>   Flag

<u>Practice the sounds</u>

fla   fla   fle   fle   fli   fli   flo   flo   flu   flu

Say the Words

flat	flaw	flavor	fled	flag	flick	fly
flea	flame	flakes	float	flute	flip	flap
flee	flow	flower	flair	floss	flop	flew
flit	fluff	flash	flock	flog	flack	

<u>Br</u>   Brush

<u>Practice the sounds</u>

bra   bra   bre   bre   bri   bri   bro   bro   bru   bru

Say the Words

brass	brush	bray	Brad	brick	brain	brake
bride	breeze	broke	branch	bread	break	bring
broil	broken	bright	broad	broom	brown	brew
brag	break	brother	brought	bridge	bristle	

Say the sight words: O'   live   have   give

113

Word Search

```
X S Q X Z Z P O N M K F L A M E P X
A B R A N C H Q P G J K L O K V K Z
H F L O P V N F L O W E R X W M O H
Q A A O Y L K H B R I N G M B O C I
B B W F L E W G G M B J I N O A A U
A H R S S W P J P Q B R I D E M I U
Z Q N C Q B R E A D O B N F L I P W
B R A G B B W H B B R E A K B X Z V
C B E H Y O O X N H X B R E E Z E O
G W N X X F L E E K T U V H P M R W
Z P W R K H S W A C B R O W N M Q U
C B R O A D U U K R F L I C K L X L
B W E F L A G R T K P F L O C K U D
F L A T U V G B R A S S N K J P F I
```

Find the words

BRAG	BREAK	BROAD	FLAT	FLIP
BRANCH	BREEZE	BROWN	FLEE	FLOCK
BRASS	BRIDE	FLAG	FLEW	FLOP
BREAD	BRING	FLAME	FLICK	FLOWER

114

<u>Review 1 of the blends on pages 97-113</u>

E O Y S AY   PL   ST   CK   KE   TH   TR   FR
        CL   GL   DR   PR   FL   BR

1.	acne	ho-ho-ho	try
2.	makes	mends	dogs
3.	pray	May	way
4.	plane	plain	please
5.	sting	rest	rock
6.	pick	bake	Luke
7.	path	thunder	trust
8.	truck	frog	from
9.	clap	clean	glad
10.	glue	drop	draw
11.	print	promise	flash
12.	flower	brake	branch

115

Reading Practice Challenge

Daniel the Daring

The King of Babylon had a dream about a tree stump. Daniel told the king that the tree, was the king; and that GOD would take away his kingdom and his sanity for seven periods of time. When the king finally will say that GOD is ruler over the kingdom, and that GOD gives the kingship to anyone He wants, then his sanity will be restored. This king was so PROUD of himself, that one year later, he boasted of his great power and majesty! GOD took the king's sanity and the king started walking around on all fours eating grass like a cow. (The king was like this for seven periods of time.) Then the king's sanity returned to him and the King of Babylon praised GOD and honored and glorified GOD! GOD restored the kingdom to the king just as He promised He would!

Next a new king, Darius, came to rule Babylon. Some jealous men tricked Darius into writing a law that for 30 days, no one could worship any god except King Darius. If anyone did, he was to be thrown into the Den of Lions!

These bad men knew that Daniel prayed every day to GOD, and they hoped he would fall into their carefully planned trap! Daniel, ever loyal to GOD, refused to stop worshiping GOD and was thrown into the Den of Lions!

King Darius was upset because he liked Daniel; but, even he, the king could not change a written law! King Darius told Daniel, "May your GOD whom you serve rescue you." Then King Darius fasted all night, hoping for Daniel's rescue. Daniel prayed to GOD for safety... AND, GOD sent His angel and shut the lions' mouths!

The next morning King Darius found Daniel unharmed, and had him removed from the Lions' Den. Then King Darius had all the evil men who tricked him, thrown into the Den of Lions! Where they became lion food!

116

<u>Gr</u>   Green

<u>Practice the sounds</u>

ᵁ   ‾   ᵁ   ‾   ᵁ   ‾   ᵁ   ‾   ᵁ   ‾

gra gra gre gre gri gri gro gro gru gru

Say the Words

green	grit	groan	gross	grub	grin	grass
grain	grip	grease	grime	grab	grow	grapes
great	grim	grace	grand	grew	grave	ground

<u>Cr</u>   Cross

<u>Practice the sounds</u>

ᵁ   ‾   ᵁ   ‾   ᵁ   ‾   ᵁ   ‾   ᵁ   ‾

cra cra cre cre cri cri cro cro cru cru

Say the Words

cross	crab	crane	cream	cry	croak	creek
creak	crack	crash	crawl	crow	creaky	creamy
crook	crush	crooked	creator	crept	creation	crown
crib	crest	crystal	cricket	crave	croft	crumb
crop	crew	crosses	crows	cram	crass	

Say the sight words: said   many

117

Word Search

```
X  S  Q  X  Z  Z  P  C  R  U  M  B  F  R  H  P  X
A  C  R  E  W  Z  M  Q  P  G  R  O  A  N  K  V  K  Z
H  F  G  R  U  B  N  F  G  R  I  P  O  X  W  M  O  H
Q  A  A  O  Y  L  K  H  V  H  H  C  R  Y  S  T  A  L
B  B  W  G  S  S  L  G  R  O  W  J  I  N  O  A  A  U
A  C  R  A  B  W  P  J  P  Q  B  G  R  A  C  E  I  U
Z  Q  N  C  Q  N  U  C  R  O  W  N  Z  N  X  Z  Z  W
N  C  R  A  W  L  W  H  B  Z  B  C  R  I  B  X  Z  V
C  R  O  S  S  O  O  X  G  R  A  I  N  S  T  W  X  O
G  W  N  X  X  V  I  E  E  K  T  U  V  H  P  M  R  W
C  R  E  A  K  H  S  W  A  C  R  A  S  H  V  M  Q  U
C  B  E  Q  X  Z  U  U  K  R  G  R  A  S  S  L  X  L
B  W  E  G  R  E  E  N  T  K  P  J  G  R  E  A  T  D
G  R  I  N  U  V  G  D  R  R  T  Q  N  K  J  P  F  I
```

Find the words

CRAB	CREW	CRUMB	GRASS	GRIP
CRASH	CRIB	CRYSTAL	GREAT	GROAN
CRAWL	CROSS	GRACE	GREEN	GROW
CREAK	CROWN	GRAIN	GRIN	GRUB

118

<u>Sh</u>   Sheep

<u>Practice the sounds</u>

sha sha   she she   shi shi   sho sho   shu shu

Say the Words

shed	**sheep**	**ship**	**shop**	**shake**	**shack**	**shade**
shell	shut	hush	trash	wish	fish	fresh
shine	**sheet**	**she**	**shout**	**short**	**shift**	**shall**
shalt	share	sharp	shield	shirt	shook	shoot
shore	**shove**	**shovel**	**show**			

<u>Bl</u>   Blue
<u>Practice the sounds</u>

bla bla   ble ble   bli bli   blo blo   blu blu

Say the Words

blue	black	blush	blame	blend	bleat	bless
blast	**bleed**	**blow**	**blank**	**blood**	**blew**	**block**
bloat	bled	blown	blond	blimp	blink	bland
blare	**bleak**	**blip**	**bleep**	**blur**	**blunder**	**blot**

Say the sight words: truth   says

119

Word Search

```
S H A D E Z P H W J P P F R E S H X
A W Q X Z Z M Q S H I N E L K V K Z
H F H U S H N F H F D S H E E P O H
Q A A O Y L K H S H I R T N M P W Z
B B L I N K L J V B X J I N O A A U
A G H K L W P J P Q B L O O D T I U
Z Q N C Q N U H W I S H Z N X Z Z W
B L A C K O W H B L O C K R Z X Z V
J X R E K O O X H D W S H A R E X O
G W N B L A S T E K T U V H P M R W
J K L L M H S W A C B L A N K M Q U
C B L E A T U U K F I S H D G L X L
B L A M E W X Z T K B L E D L L P D
H R R B L E N D R R T Q S H E L L I
```

Find the words

BLACK	BLEAT	BLOCK	SHEEP	FRESH
BLAME	BLED	BLOOD	SHELL	FISH
BLANK	BLEND	SHADE	SHINE	HUSH
BLAST	BLINK	SHARE	SHIRT	WISH

120

Sm   **Smile**

Practice the sounds

sma sma   sme sme   smi smi   smo smo   smu smu

Say the Words

smell	smock	smoke	smile	smash	Smith
smack	small	smart	smarter	smaller	smokes
smog	smug	smutty			

Sp   **Spade**

Practice the sounds

spa spa   spe spe   spi spi   spo spo   spu spu

Say the Words

spin	spine	spot	spell	spade	speed	spoon
spill	spunk	space	Spain	sparrow	spare	spend
spice	spoil	sport	spam	spider	span	spat
spic	spur	spear	spit	sped	spun	spew

Say the sight words: one   says   broad   where

Word Search

```
R X Z M B Z P H W J S P E A R B D X
S P I L L Z M Q S P O O N L K V K Z
H F K L X V S P A D E G R R H L O H
Q S M A R T K H D D H S M I L E W Z
B B B W J S M A C K X J I N O A A U
A G S P E E D J P Q H F E S M U G U
Z Q N C Q N U S P I N O Z N X Z Z W
S M A L L O W H S P A C E R Z X Z V
J X R E K O O X H D W Y R E W Q X O
G S P A M J N B E K S M O K E M R W
J K L L M H S M A S H S A A E M Q U
C R K M N V U U K S M E L L G L X L
S P E L L W X Z T K G Y T S P U N D
H R R R R S P A R E T Q S M I T H I
```

Find the words

SMACK	SMELL	SMUG	SPARE	SPILL
SMALL	SMILE	SPACE	SPEAR	SPIN
SMART	SMITH	SPADE	SPELL	SPOON
SMASH	SMOKE	SPAM	SPEED	SPUN

122

12

<u>Tw</u>   **Twelve**

Practice the sounds

twa twa   twe twe   twi twi   two two   twu twu

Say the Words

twelve	**twig**	**twin**	**twins**	**twist**	**twirl**
twice	tweet	twill	twinkle	twit	

<u>Sn</u>  **Snake**

Practice the sounds

sna sna   sne sne   sni sni   sno sno   snu snu

Say the Words

snake	snack	snip	snag	snug	sneak
snow	**snuggle**	**snap**	**snakes**	**snare**	**sneer**
snips	snowed	snit	snub	snob	snore
snail	**snippets**	**sniff**	**snot**		

Say the sight words: only   sure   were

123

Word Search

```
S N E A K Z P H W J G T W I C E D X
S F W C Z Z M Q S N A C K L K V K Z
H F K L X V G R W N N G R R H L O H
Q S N U G G L E D D H T W I N V W Z
S N A K E G T R G D X S N U B A A U
A G D V M H J J T W I G E Y Y W R U
Z Q T W E L V E W A A O Z N X Z Z W
W Q C B N T W I L L G H S N I P Z V
J X R E K O O X H T W I T E W Q X O
T W E E T J N S N A G N V K L M R W
J K L L M H R C V B N S S N I F F U
C R T W I N K L E R G F V N G L X L
L L F R S N A R E K G Y T G S N O B
T W I R L R T W I S T Q Y J K N M I
```

Find the words

SNACK	SNEAK	SNUB	TWICE	TWINKLE
SNAG	SNIFF	SNUGGLE	TWIG	TWIRL
SNAKE	SNIP	TWEET	TWILL	TWIST
SNARE	SNOB	TWELVE	TWIN	TWIT

124

<u>Sw</u>   Sweets

<u>Practice the sounds</u>

swa swa   swe swe   swi swi   swo swo   swu swu

<u>Say the Words</u>

sweets	sway	sweep	switch	sword
swoop	swarm	swam	swim	swish
swing	swift	swirl	swung	swear
swap	swag	swan	swoops	swat
swell	sweat	Swiss	swivel	swab

<u>Thr</u>   Three

<u>Practice the sounds</u>

thra thra   thre thre   thri thri   thro thro   thru thru

<u>Say the Words</u>

throw	three	threw	throb	threat
thread	thrill	throne	thrash	thrown
throat	thrift	thrust	threaten	

Say the sight words: only   sure   were

125

Word Search

```
X S W E E P P O N M T H R E A D P X
A A I X O N K Q P S W I M U K V K Z
H P S W U N G Y A U N V G X W M O H
Q A A O Y T H R E W N X O X O N Z I
B B W Q I L H G M S W I N G A A U
A E E E S W E A T Q S W A G V M I U
T H R A S H H J L Q O B N M P I L W
R Y J W B B T H R O W R T C Z X A Z
C B E S W I R L N H X S W O R D E O
G W W J G K L Q O K T H R I L L R W
Z P T H R O N E A C B S W A P E Q U
C Q X G H I U U K T H R O A T L X L
S W A B E E Q R T H R I F T T R U D
V B N M T H R U S T X I N T H R O B
```

Find the words

SWAB	SWEEP	SWORD	THREW	THROB
SWAG	SWIM	SWUNG	THRIFT	THRONE
SWAP	SWING	THRASH	THRILL	THROW
SWEAT	SWIRL	THREAD	THROAT	THRUST

126

<u>Scr</u>　　　　　Scribble

<u>Practice the sounds</u>

scra scra　　scre scre　　scri scri　scro scro　scru scru

<u>Say the Words</u>

scribble	**scram**	**scrap**	**scrape**	**scratch**
scream	scrub	screen	scramble	scrapple
scragglier	**scrawl**	**scram**	**scrappy**	**scraggy**
screw	script	scroll	screech	screechy

<u>Str</u>  Stripe

<u>Practice the sounds</u>

stra stra　　stre stre　stri stri　stro stro　stru stru

<u>Say the Words</u>

stripe	stray	stream	streak	street	strip	stripes
stride	**stress**	**string**	**strong**	**strobe**	**strut**	**struck**
strew	strap	strode	strange	stroll	straw	strewn
strung	**strain**	**struggle**	**strict**			

Say the sight words:　beauty　beautiful

127

Word Search

```
X A W S T R E A M M K F Z V N B P X
A S C R A W L Q P Q W S T R O D E Z
S C R A P V N Y A U N V G X W M O H
Q A A O Y L K Q F V S T R E E T Z I
S T R I N G H G M S C R U B A A U
A R E E E S C R A M B L E I V M I U
Z Q S T R A I N L Q S T R E S S L W
R Y J W B B W S C R O L L C Z X A Z
C B S C R I P T N H X V N M U U E O
G W W J G K L Q O S T R I P E M R W
S T R A Y H S C R A G G Y Q D E Q U
C S C R E A M U K R E S T R A P X L
B W G E E S C R E E N K O W T R U D
V S T R U G G L E W X I N S C R E W
```

Find the words

SCRAGGY	SCREAM	SCROLL	STRAY	STRING
SCRAMBLE	SCREEN	SCRUB	STREAM	STRIPE
SCRAP	SCREW	STRAIN	STREET	STRODE
SCRAWL	SCRIPT	STRAP	STRESS	STRUGGLE

128

Ch Church

Hint: (Ch) Can be a soft sound

Practice the sounds

cha cha che che chi chi cho cho chu chu

Say the Words

church	check	chill	chop	chimp	chin	cheat
chain	cheek	chick	chore	much	lunch	rich
chubby	bunch	choke	chip	chase	chard	cheap
cheese	choose	chest	child	chosen	chew	chart
chairs	chant	chalk	chap	cherry	pitch	champ

Ch Christmas

Hint: (Ch) can also make the (K) sound

choir	Christ	Christmas	Christian
chord	anchor	stomach	echo

Ar Ark

Hint: (Ar) sounds like a hard (R)

chart	cart	hart	hard	Mark	park	ark
start	dart	army	armor	harp	jar	yard
dark	arm	harsh	marble	harm	art	lark
barn	car	smart	market	yarn	far	farm
bark	bar	heart	bargain	card	tart	Carl

129

Word Search

```
X A W C H O P O N C H E C K N B P X
Y A R D O N K Q P Q W R F A R M K Z
H P L W C H A S E U N V G X W M O H
Q A A R K L K Q F V N X P A R K Z I
B C H E S T H G G M B J C H A P A U
A R E E E W P J C H I L D I V M I U
Z Q N C Q B H A R S H B N M P I L W
R Y J W B B C H E W W R T C L A R K
C A R D Y O O C H A I N N M U U E O
G W W J G K L Q O K T U V H P M R W
Z P M A R K E T A C B R C H A I R U
C Q X G H I U U K R E R L A J L X L
B D A R T E Q R T K C H O S E N U D
V B N M U C H A R T X I N K J P F I
```

Find the words

CHAIN	CHECK	CHOP	CHART	LARK
CHAIR	CHEST	CHOSEN	DART	MARKET
CHAP	CHEW	ARK	FARM	PARK
CHASE	CHILD	CARD	HARSH	YARD

130

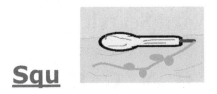

<u>Squ</u>　　　Squash

<u>Practice the sounds</u>

squa squa   sque sque   squi squi   squo squo

Say the Words

squash	squeak	squeeze	squeal
squid	squish	squirm	squab
squib	squat	square	squats

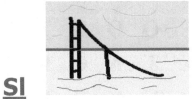

<u>Sl</u>　　　Slide

<u>Practice the sounds</u>

sla sla   sle sle   sli sli   slo slo   slu slu

Say the Words

slide	slay	slept	slow	slam	slap	sleeve
sleep	slim	sleepy	slip	slight	sled	sleeps
sleds	slab	sledge	slain	slack	sleds	slacks
slaw	slid	sleight	slit	sloth	slob	slighted
slop	slot	slough	slur			

Say the sight words: beauty   beautiful

131

Word Search

```
X A W S L A C K N M K S Q U I D P X
A A I X O N K Q S L E E V E K V K Z
H S Q U A R E Y A U N V G X W M O H
Q A A S L A Y Q F V N X S L I M Z I
B B W Q S L I D E M B J I N O A A U
A R E E E W P J P S Q U I R M V I U
Z Q N S Q U E E Z E O B N M P I L W
S L O T H B W H S Q U A S H Z X A Z
C B E H Y S L O B H X V N M U U E O
G S L A W K L Q O S L E E P S M R W
Z P W R K H S W A C B S Q U A T Q U
C S Q U A B U U S Q U E A K J L X L
B W G E E E Q R T K P K O S L U R D
S Q U I S H G B P S Q U E A L P F I
```

Find the words

SLACK	SLEEVE	SLOTH	SQUASH	SQUEEZE
SLAW	SLIDE	SLUR	SQUAT	SQUID
SLAY	SLIM	SQUAB	SQUEAK	SQUIRM
SLEEPS	SLOB	SQUARE	SQUEAL	SQUISH

132

Review 2 of the blends on pages 117-131

GR	CR	SH	BL	SM	SP	TW	SN	SW	THR
	SCR		STR	CH	CH	AR	SQU	SL	

1. green   grapes   grace

2. cross   crown   cream

3. sheep   fish   bled

4. blue   smile   smoke

5. spider   spot   twelve

6. tweet   snake   snare

7. sword   sweet   three

8. throat   scroll   screen

9. string   strong   church

10. lunch   Christ   echo

11. ark   hard   squash

12. squirm   sleep   slack

133

Reading Practice Challenge

A Time To
By King Solomon
The wisest man in History

There is a time for everything
A time for every activity under heaven

A time to be born   –   A time to die

A time to plant   –   A time to uproot

A time to kill   –   A time to heal

A time to tear down   –   A time to build

A time to weep   –   A time to laugh

A time to mourn   –   A time to dance

A time to throw stones   –   A time to gather stones

A time to embrace   –   A time not to embrace

A time to search   –   A time to count as lost

A time to keep   –   A time to throw away

A time to tear   –   A time to sew

A time to be silent   –   A time to speak

A time to love   –   A time to hate

A time for war   –   A time for peace

GOD has given people tasks to keep them occupied.
It is also a gift of GOD whenever anyone eats, drinks, and enjoys all his efforts.

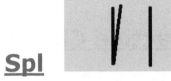

<u>**Spl**</u>   **Split**

Practice the sounds

spla spla   sple sple   spli spli   splo splo   splu splu

Say the Words

split	**splat**	**splint**	**splash**	**splendid**
splits	splay	splashed	splinter	splendor
splashdown		**splatter**	**splutter**	**splashy**

<u>**Spr**</u>   **Spring**

Practice the sounds

spra spra   spre spre   spri spri   spro spro   spru spru

Say the Words

spring	spry	sprain	sprint	spray
sprout	**sprig**	**spread**	**spruce**	**sprawl**
sprinkle	sprocket	sprawled	sprained	
spruced	**sprawls**	**sprinted**	**spreader**	

Say the sight words: does there their

Word Search

```
X  A  W  S  E  S  P  R  E  A  D  E  R  V  N  B  P  X
A  S  P  R  E  A  D  Q  P  Q  S  P  L  I  T  V  K  Z
H  P  L  W  P  V  N  Y  S  P  R  I  N  K  L  E  O  H
Q  A  A  S  P  L  A  Y  F  V  N  X  O  X  O  N  Z  I
S  P  R  A  Y  L  H  G  G  M  B  S  P  R  A  I  N  U
A  R  E  E  E  S  P  R  O  U  T  R  I  I  V  M  I  U
Z  Q  N  S  P  R  I  N  G  Q  O  S  P  R  U  C  E  W
R  Y  J  W  S  P  L  U  T  T  E  R  T  C  Z  X  A  Z
C  B  S  P  L  E  N  D  I  D  X  V  N  M  U  U  E  O
G  W  W  J  G  K  L  Q  O  K  S  P  R  A  W  L  R  W
Z  P  W  R  K  H  S  P  L  A  T  T  E  R  D  E  Q  U
C  S  P  L  E  N  D  O  R  R  E  R  L  S  P  R  Y  L
B  W  G  S  P  R  I  G  T  K  S  P  L  A  S  H  U  D
V  B  S  P  L  I  N  T  E  R  X  I  S  P  L  I  N  T
```

Find the words

SPLASH	SPLENDOR	SPLUTTER	SPREAD	SPRINKLE
SPLATTER	SPLINT	SPRAIN	SPREADER	SPROUT
SPLAY	SPLINTER	SPRAWL	SPRIG	SPRUCE
SPLENDID	SPLIT	SPRAY	SPRING	SPRY

136

<u>Sc</u>   Scale

Practice the sounds

sca sca   sce sce   sci sci   sco sco   scu scu

Say the Words

scale	**scuff**	**scope**	**scold**	**scorch**
scat	scare	scared	scorn	scout
scab	**scam**	**scan**	**scar**	**scone**
score	scum	scoff	Scott	scorned

<u>Sk</u>   Skunk

Practice the sounds

ska ska   ske ske   ski ski   sko sko   sku sku

Say the Words

skunk	skull	sky	skin	task	tusk
skit	**skip**	**skirt**	**skillful**	**skate**	**skates**
skill	skiff	skim	mask	tusks	skimmed

Say the sight words: once   there   any

137

Word Search

```
X A W S C A R O N M K S K I M B P X
A S K I P N K Q P Q W S C O L D K Z
H P L W T U S K A S K U L L W M O H
S S C O F F K Q F V N X O X O N Z I
B B W Q I L H G G M B S C U F F A U
A R S C O N E J P Q H R I I V M I U
Z Q N C Q B S K I F F B N S K I L L
S C U M B B W H E W W S K A T E A Z
C B E S C A M X N H X V N M U U E O
G W W J G K L Q O K T U S C O R N W
Z P S C A B S W A S K I N Q D E Q U
C Q X G H I U U K R S K U N K L X L
B W G E E E Q R T K P K O W T R U D
V B N M A S K B P W X T A S K P F I
```

Find the words

SCAB	SCOLD	SCUM	SKIM	SKUNK
SCAM	SCONE	SKATE	SKIN	MASK
SCAR	SCORN	SKIFF	SKIP	TASK
SCOFF	SCUFF	SKILL	SKULL	TUSK

138

<u>Ow</u> **Clown**

Hint: OW is usually at the end of a word...Or before (l) or (n)

Say the Words

dowel	owl	rowel	towel
down	clown	brown	crown
sow	vow	vowel	cowl
how	now	cow	wow
flower	shower	chow	pow
power	plow	frown	bow

<u>Ow</u> **Grow**

Hint: (OW) usually sounds the long (O) sound

Say the Words

grow	low	mow	sow	snow	row
blow	crow	glow	throw	grows	yellow
pillow	bowl	bow	blown	window	

Say the sight words: I (sounds like long I)
You (sounds like long u)

139

Word Search

```
X A W I N D O W N M K F Z V B O W X
A A I X O N K Q P Q G R O W K V K Z
D O W N P V N Y A U N V O W E L O H
Q A A O Y L K S H O W E R X O N Z I
B P I L L O W G G M B J I R O W A U
A R E E E W P J P B L O W N V M I U
Z Q N C L O W N L Q O B N M P I L W
R Y J W B B W H E W C R O W N X A Z
C B F R O W N X N H X V N M U U E O
G W W J G K L Q O K T G L O W M R W
Z C H O W H S W Y E L L O W D E Q U
C Q X G H B O W L R E R L A J L X L
B R O W N E Q R T K P D O W E L U D
V B N M C R O W P W F L O W E R F I
```

Find the words

BLOWN   CHOW   DOWEL   GLOW   SHOWER
BOW   CLOWN   DOWN   GROW   VOWEL
BOWL   CROW   FLOWER   PILLOW   WINDOW
BROWN   CROWN   FROWN   ROW   YELLOW

140

Er   **Flower**

Say the Words

her	serve	term	verse	clerk
nerve	perk	flower	shower	chowder
stern	power	corner	summer	butter
dinner	ladder	pepper	winner	rubber
tiger	spider	another	several	

Ur   **Turkey**

Say the Words

turkey	purse	burn	urn	burst
curse	curt	hurl	curb	unfurl
blurb	fur	curl	turn	cur
survive	suburb	curve	burger	hurt
purchase	furnish	blurt		
Thursday	Saturday	furniture		

Say the sight word: are   (sounds like "r")

141

Word Search

```
X A W S E R V E N M K F Z V N B P X
A A I X C L E R K Q W N E R V E K Z
H B L U R B N Y S U M M E R W M O H
D I N N E R K Q F V N X O X O N Z I
B B W Q I L H G G M B C U R V E A U
A P E P P E R J P Q H R I I V M I U
Z Q N C Q B H U R T O B L U R T L W
R Y J T I G E R E W W R T C Z X A Z
C B E H Y O O X N H B U T T E R E O
G W I N N E R Q O K P U R S E M R W
Z P W R K F U R N I T U R E D E Q U
C Q X C U R S E K R E R L A J L X L
B W G E E B U R N P C O R N E R D
V F L O W E R B P W X I L A D D E R
```

Find the words

BLURB	CLERK	DINNER	LADDER	SERVE
BLURT	CORNER	FLOWER	NERVE	SUMMER
BURN	CURSE	FURNITURE	PEPPER	TIGER
BUTTER	CURVE	HURT	PURSE	WINNER

142

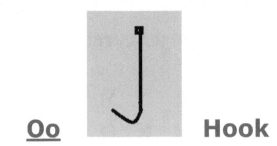

<u>Oo</u>   Hook

Hint: OO sometimes sounds like hook

<u>*Say the Words*</u>

hook	look	book	cook	nook
Rook	took	shook	foot	good
stood	hood	crook	wood	wool
cookie	soot	cookbook	stood	brook

<u>Oo</u>   Roof

Hint: OO sometimes sounds like roof

<u>*Say the Words*</u>

roof	food	zoom	shoot	spoon
loose	boot	cool	stool	drool
soon	boost	goose	pool	noon
moon	brooms	moo	room	moose
tools	school	boo	coot	hoot
moot	root	mood	fool	

143

Word Search

```
X B R O O K P O N M K F Z O O M P X
A C R O O K K Q P Q B R O O M V K Z
H P L W P V N Y A U N H O O K M O H
Q A R O O M K Q F V N X O X O N Z I
B B W Q I L H G O O S E I N O A A U
A R E E E W P J P Q H R I F O O T U
Z Q T O O L H J L M O O N M P I L W
R Y J W B B O O K O O R H O O D A Z
C B E H C O O K I E X V N M U U E O
G W W J G K L H O O T U V H P M R W
Z S C H O O L W A C B R W Q D E Q U
C Q X G F O O D K R E R L O O S E L
B W G E E E D R O O L K O W T R U D
V G O O D V G B P W X L O O K P F I
```

Find the words

BOOK	CROOK	GOOD	HOOT	ROOM
BROOK	DROOL	GOOSE	LOOK	SCHOOL
BROOM	FOOD	HOOD	LOOSE	TOOL
COOKIE	FOOT	HOOK	MOON	ZOOM

144

<u>Y</u>   **Puppy**

Hint: A root word ending with a single consonant that has a short sounding vowel, first double the consonant before adding a suffix (ending) that begins with a vowel. (such as y)

pup +py= puppy   hap +py= happy

Say the Words

happy	daddy	penny	puppy	sunny
funny	mommy	Jimmy	Tammy	kitty

<u>Y</u>   **Fuzzy**

Hint: (Y) at the end of a word often says the long (E) sound

Say the Words

tiny	handy	candy	dandy	pony
Tony	breezy	sandy	stony	rocky
lazy	creamy	healthy	sleepy	crazy
dirty	thirsty	sturdy	pretty	rainy
dusty	fuzzy	creaky	frisky	fishy
steamy	dreamy			

145

Word Search

```
X A W S E O C A N D Y F Z V N B P X
A A I P O N Y Q P Q W S T U R D Y Z
H P H A P P Y Y A U N V D A D D Y H
R O C K Y L K Q F U Z Z Y X O N Z I
B B W Q I L H G G M B J I N O A A U
A R H E A L T H Y Q H R I I V M I U
Z Q N C Q B H J L B R E E Z Y I L W
R Y J H A N D Y E W W R T C Z X A Z
C B E H Y O O X D A N D Y M U U E O
C R E A M Y L Q O K T I N Y P M R W
Z P C R A Z Y W A C B D I R T Y Q U
C Q X G M O M M Y R E R L A Z Y X L
B W G F U N N Y T K P K O W T R U D
V D U S T Y G B P W K I T T Y P F I
```

Find the words

BREEZY	DADDY	FUNNY	HEALTHY	PONY
CANDY	DANDY	FUZZY	KITTY	ROCKY
CRAZY	DIRTY	HANDY	LAZY	STURDY
CREAMY	DUSTY	HAPPY	MOMMY	TINY

146

Ou Mouth **Mouth**

Hint: (OU) is usually in the middle of a word.

Say the Words

ground	south	proud	hound	round
mouth	out	shout	scout	sprout
doubt	pout	ouch	couch	found
loud	mouse	blouse	douse	louse
aloud	bound	sound	house	

Or **Horse**

Say the Words

horse	born	Lord	short	pork
fork	corn	torn	or	sport
storm	Ford	thorn	scorn	stork
forth	corner	word	border	world
work	scorch	for	porch	ore

147

Word Search

```
X  A  W  S  H  O  U  S  E  M  K  F  Z  V  N  O  R  X
A  A  I  X  O  N  K  Q  P  Q  W  O  R  D  K  V  K  Z
H  P  L  W  P  O  R  K  A  U  N  D  O  U  B  T  O  H
Q  A  A  O  Y  L  O  R  D  V  N  X  O  X  O  N  Z  I
T  O  R  N  I  L  H  G  M  B  L  O  U  S  E  A  U
A  R  E  E  E  W  P  J  P  Q  H  R  I  I  V  M  I  U
Z  Q  M  O  U  S  E  J  L  Q  O  B  O  R  N  I  L  W
R  Y  J  W  B  B  W  H  E  W  R  O  U  N  D  X  A  Z
C  O  U  C  H  O  O  X  N  H  O  R  S  E  U  U  E  O
S  O  U  T  H  K  L  Q  O  K  T  U  V  H  F  O  R  K
Z  P  W  R  K  H  S  H  O  U  T  R  W  Q  D  E  Q  U
C  O  R  N  H  I  U  U  K  R  E  R  L  O  U  D  X  L
B  W  G  E  E  G  R  O  U  N  D  O  W  T  R  U  D
V  B  S  H  O  R  T  B  P  W  X  I  N  K  J  P  F  I
```

Find the words

BLOUSE	HOUSE	SOUTH	FORK	PORK
COUCH	LOUD	SHOUT	HORSE	SHORT
DOUBT	MOUSE	BORN	LORD	TORN
GROUND	ROUND	CORN	OR	WORD

148

<u>Kn</u> Knot

Hint: The (K) in (Kn) is silent

knot	knew	know	known	knit
knows	knee	knitting	knife	knock
kneel	knelt	knockoff	knuckle	knickers
knob	knocks	knapsack	knothole	kneeling
	doorknob	knockout	knowledge	

<u>Gn</u> Gnat

Hint: The (G) in (Gn) is silent.

gnarled	gnawing	Gnostic	gnat
signed	sign	feigns	gnaw
gnaws	gnarl	gnash	gnu
gnarly	gnawed	benign	cosign
design	malign	feign	align

<u>Ing</u> Ring

king	ring	bring	ding	fling
Ming	wing	thing	sting	string
swing	ping	wring	cling	sing

Word Search

```
X A W F E I G N N M K F Z V N B P X
A A L I G N K Q P Q W R T H I N G Z
H P L W P V N K N O B V G X W M O H
Q D E S I G N Q F V N X G N A T Z I
B B W Q I L H G G M B K N I F E A U
A R E E W C L I N G R I I V M I U
Z Q N K I N G J L Q O B N M P I L W
R Y J W B K N O T W W I N G Z X A Z
K N E W Y O O X N H X P I N G U E O
G W W J G K L Q O S I G N H P M R W
Z P W R K N E L T C B R W Q D E Q U
C K N I T I U U K R E G N A R L L
B W G N A W Q R T K P K N O C K U D
V B N M U V G S T I N G N K J P F I
```

Find the words

KNELT	KNOB	GNAT	FEIGN	PING
KNEW	KNOCK	GNAW	SIGN	STING
KNIFE	KNOT	ALIGN	CLING	THING
KNIT	GNARL	DESIGN	KING	WING

Review 3 of the blends on pages 135-149

SPL	SPR Y	SC Y	SK OU	OW OR	OW KN	ER GN	UR ING	OO	OO

1.	splash		splendor		split
2.	spring		sprain		spray
3.	scorn		scale		skill
4.	task		clown		down
5.	grow		window		shower
6.	several		burn		curse
7.	wood		cookbook		moon
8.	fool		happy		daddy
9.	creamy		sleepy		shout
10.	found		horse		LORD
11.	know		kneel		gnaw
12.	gnash		king		bring

Reading Practice Challenge

Elijah Battles 450 Men of Baal

Evil King Ahab gathered all the Israelites and the 450 prophets of the false god Baal to Mount Carmel. The prophet of the one true GOD, Elijah told all the people of Israel, "If GOD is GOD follow Him." "If Baal then follow him." The Israelites did not answer Elijah.

Elijah then set up a test with the one true GOD and Elijah, against 450 of Baal's prophets and their false god Baal. Each side was to take a bull and kill it and cut it up into pieces as a sacrifice to their god.

Elijah told the 450 prophets of Baal to go first. They were to set up the wood and place the pieces of their bull on the wood. BUT, they could not light the fire.

Elijah would do the same in his turn. Elijah told the prophets, "Call on the name of your god to burn it up." "And Elijah will call on the name of Yahweh GOD." "The god who answers with fire, He is GOD!"

The prophets of Baal called on their god from morning to noon and danced around the altar they had made.

At noon Elijah mocked them. He told them, "Shout louder, maybe your god is thinking it over, or maybe he's wandered away, maybe he left, or maybe he's asleep!" All afternoon the 450 shouted and cut themselves until evening. NO ANSWER came from their god!

Elijah took 12 stones and carefully built an altar in the name of Yahweh GOD. He made a trench around the altar big enough to hold four gallons of water. Then he arranged the wood, cut up the bull, and placed the pieces on the wood. Then he told them to fill four water pots and pour the water on his offering and on the wood. He had them do it a second time; and then a third time, so the water ran all around the altar, and filled the trench with water! Then Elijah prayed to Yahweh GOD, saying, "I have done all this so this people will know that you are GOD!" Then GOD's fire fell and burned up the offering, the wood, even the stones and dust, AND ALL THE WATER!
All the people fell face down and said, "Yahweh, He is GOD!"

152

__Igh__ Night

Say the Words

night	sight	light	blight
tight	**bright**	**sigh**	**might**
fright	height	nigh	slight
flight	**plight**	**right**	
frighten	fight	high	

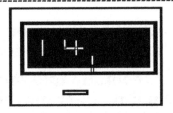

__Alk__ Chalk

Say the Words

-

chalk	**talk**	**walk**	**stalk**
balk	walks	walked	walking
cornstalk	**sidewalk**	**beanstalk**	
crosswalk	moonwalk		

153

Word Search

```
S T A L K O P O N M K R I G H T P X
A A I X O N K Q P Q W A L K E D K Z
H P F L I G H T A U N V G X W M O H
Q A A O Y L K Q F V N P L I G H T I
B B W C R O S S W A L K I N O A A U
A R E E H I G H P Q B R I G H T I U
Z B A L K B H J L Q O B N M P I L W
R Y J W B B W H E S I D E W A L K Z
C B E C H A L K N H X V N M U U E O
G W M I G H T Q O K T B L I G H T W
Z P W R K H N I G H B W A L K S Q U
C Q M O O N W A L K E R L A J L X L
B W A L K E Q R T K P F I G H T U D
V B T A L K G B P W S I G H J P F I
```

Find the words

BLIGHT	HIGH	RIGHT	CROSSWALK	TALK
BRIGHT	MIGHT	SIGH	MOONWALK	WALK
FIGHT	NIGH	BALK	SIDEWALK	WALKED
FLIGHT	PLIGHT	CHALK	STALK	WALKS

154

Ang   Sang

Say the Words

sang	bang	hang	dang	fang
rang	gang	clang	slang	pang
strange	sprang	defang	mustang	tang
boomerang		cliffhanger		overhang
whiz-bang		orangutan		

Unk   Skunk

Say the Words

skunk	dunk	clunk	sunk	drunk
trunk	spunk	junk	bunk	flunk
funk	gunk	hunk	debunk	plunk
shrunk	slunk	punk	chunk	sunken
debunked		chipmunk		preshrunk
countersunk				

Say the sight words: do   truth

155

Word Search

```
X A W S K U N K N M K F Z H A N G X
F A N G O N K Q P Q B U N K K V K Z
H S L A N G N Y A U N V G X W M O H
Q A A O Y L K Q F L U N K X O N Z I
G A N G I L H G G M B J I N O A A U
A R E E S A N G P Q P L U N K M I U
Z Q D U N K H J L Q O B N M D A N G
R Y J W B B W H E B A N G C Z X A Z
C C L U N K O X N H X V N M U U E O
G W W J G K L Q O K T S L U N K R W
Z P H U N K S W A S U N K E N E Q U
C Q X G P A N G K R E R A N G L X L
B W G E E Q R T R U N K W T R U D
C L A N G V G B P W X I N K J P F I
```

Find the words

BANG	GANG	SANG	DUNK	SKUNK
CLANG	HANG	SLANG	FLUNK	SLUNK
DANG	PANG	BUNK	HUNK	SUNKEN
FANG	RANG	CLUNK	PLUNK	TRUNK

156

Ing 1234 Counting

Hint: A suffix is added to the end of a root word to make a new word.
Hint: A Root word is the original word.
Adding (ing) at the end of a root word has the word show an action.

Say the Words

count/ing	hand/ing	turn/ing
pouting	curling	pressing
crashing	trying	blowing
storming	farming	smashing
tracking	clicking	crushing
falling	knowing	rowing
looking	calling	telling
spelling	cheeping	kneeling
tipping	walking	talking
cleaning	yelling	fearing
jumping	drawing	breaking
pulling	pushing	learning
knelling	worshipping	shipping

157

Word Search

```
L E A R N I N G N M K F Z V N B P X
A A I X D N K Q P D R A W I N G K Z
H P L W P V P U L L I N G X W M O H
Q A A O Y L K Q F A L L I N G N Z I
J U M P I N G G G M B J I N O A A U
A R E E W P J P U S H I N G M I U
Z H A N D I N G L Q O B N M P I L W
R C A L L I N G E W P R E S S I N G
C B E H L O O K I N G V N M U U E O
G W W J G K L Q O K N E E L I N G W
Z P W R K P O U T I N G W Q D E Q U
C Y E L L I N G K R E R L A J L X L
F E A R I N G R T B L O W I N G U D
V B N M U V G B K N O W I N G P F I
```

Find the words

BLOWING	FEARING	KNOWING	PRESSING
CALLING	HANDING	LEARNING	PULLING
DRAWING	JUMPING	LOOKING	PUSHING
FALLING	KNEELING	POUTING	YELLING

158

Ir  Girl

Say the Words

girl	third	sir	birth
dirt	**first**	**stir**	**skirt**
firm	swirl	thirst	shirt
fir	**twirl**	**whirl**	**girth**
gird	dirty	mirth	flirt

Wor  World

Say the Words

work	worm	world	worse
words	**works**	**word**	**worth**
worthy	worship	worn	worry

159

Word Search

```
X A W S E O P O N G I R T H N B P X
T H I R S T K Q P Q W O R M K V K Z
H P L W O R T H A U N V G X F I R M
Q A A O Y L K Q M I R T H X O N Z I
B B W O R N H G G M B W O R L D A U
A R E E E W O R S E H R I I V M I U
Z Q N C Q B H J L Q O B N D I R T W
R Y J W O R K H E W W O R T H Y A Z
C B E H Y O O X N H X V N M U U E O
G W O R S H I P O K T B I R T H R W
Z P W R K H S K I R T R W H I R L U
C Q X G H I U U K R E R L A J L X L
B W O R R Y Q R T K P K O W O R D D
V B N S I R G B F I R S T K J P F I
```

Find the words

BIRTH	GIRTH	THIRST	WORLD	WORSE
DIRT	MIRTH	WHIRL	WORM	WORSHIP
FIRM	SIR	WORD	WORN	WORTH
FIRST	SKIRT	WORK	WORRY	WORTHY

160

Ank   Bank

Say the Words

bank	sank	drank	blank
tank	thank	rank	dank
Frank	Hank	hanky	lanky
crank	clank	swanky	plank
rankle	banking	flank	prank

Ink   Wink

Say the Words

wink	think	drink	sink	link
blink	rink	ink	pink	clink
brink	kink	mink	plink	stink
slink	trinket	wrinkle	sprinkle	

161

Word Search

```
X A W S B A N K N M K T H A N K P X
A D R I N K K Q P Q W R L I N K K Z
H P L W P V C L I N K V G X W M O H
S A N K Y L K Q F S T I N K O N Z I
B B W Q I L A N K Y B J I N O A A U
A R E E E W P J P Q H R A N K M I U
Z Q N C L A N K L Q O B N M P I L W
R Y J W B B W H E W P R A N K X A Z
C B E H A N K Y N H X V S I N K E O
G W I N K K L Q O K T U V H P M R W
Z P W R K H S W A C B L I N K E Q U
C Q X G P I N K K R E R L A J L X L
D R A N K E Q R T K F L A N K R U D
V B N M U V I N K W I N K J P F I
```

Find the words

BANK	HANKY	SANK	DRINK	PINK
CLANK	LANKY	THANK	INK	SINK
DRANK	PRANK	BLINK	KINK	STINK
FLANK	RANK	CLINK	LINK	WINK

162

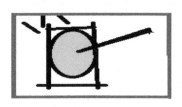

Ong   Gong

long	song	strong	ping-pong
gong	bong	wrong	ding-dong
tongs	belong	prong	longer
longing	stronger	Hong-Kong	

Wa   Watch

watch	want	wash	was	wand
water	walk	walked	wait	waist
waiter	warm	wall	warn	waste
wax	wants	waft	wad	wade
waterslide	waterfall		boardwalk	
sidewalk	Washington		waitress	

Ung   Rung

rung	strung	hung	lung	swung
sung	clung	dung	stung	wrung
gung	slung	gung-ho	mungbean	

163

Word Search

```
W A L K E O P O N W A T E R N B P X
A A S T R U N G P Q W R T U K V K Z
H P L W R O N G A U N V G L O N G H
Q A A O Y L K Q F V R U N G O N Z I
S T R O N G H G G M B J I W A N T U
A R E E W P G U N G H O I V M I U
Z Q N C Q B H J L G O N G M P I L W
R Y J W A I T H E W W R T S O N G Z
C B E L O N G X N H X V N M U U E O
G W W J G K L Q O C L U N G P M R W
Z P W A F T S W A C B R W Q D E Q U
C Q X G H U N G K D I N G D O N G L
B L U N G E Q R T K P K O W A D E D
V B N M U V G B P W A X N K J P F I
```

Find the words

BELONG	SONG	WAFT	WATER	HUNG
DING-DONG	STRONG	WAIT	WAX	LUNG
GONG	WRONG	WALK	CLUNG	RUNG
LONG	WADE	WANT	GUNG-HO	STRUNG

164

<u>Oi</u>   Coin

Hint: (oi) is usually found in the middle of a word.

<u>Say the Words</u>

coin	hoist	oil	groin	soil
oink	noise	spoil	joint	moist
broil	point	coil	choice	joist
loin	recoil	poise	boil	void
foil	voice	boiler	noises	toil
devoid	rejoin	anoint	points	join
choices	oilcan			

<u>Oy</u>   Toy

Hint: (oy) is usually at the end of a word.

<u>Say the Words</u>

toy	joy	boy	deploy
coy	enjoy	soy	joyful
annoy	loyal	ahoy	employ
convoy	Troy	ploy	voyage
royal	decoy	Roy	buoy

165

Word Search

```
X A H O Y O P O N M K P O I N T P X
A A I X O N K Q P Q B O Y U K V K Z
H P L W D E C O Y U N V G X W M O H
Q A L O Y A L Q F V N B O I L N Z I
P L O Y I L H G F O I L I N O A A U
A R E E E W P J P Q H R I I V M I U
Z A N O I N T J L Q O B C O I N L W
R Y J W B B W H E W W R T C Z X A Z
C B E H J O I N T H X V N M U U E O
G S O I L K L Q O K T M O I S T R W
Z P W R K H S O Y C B R W Q D E Q U
N O I S E I U U K R E N J O Y L X L
B W G E J O Y R T O Y K O W T R U D
V R O Y A L G B P D E V O I D P F I
```

Find the words

ANOINT	FOIL	POINT	DECOY	PLOY
BOIL	JOINT	SOIL	ENJOY	ROYAL
COIN	MOIST	AHOY	JOY	SOY
DEVOID	NOISE	BOY	LOYAL	TOY

166

Review 4 of the blends on pages 153-165

IGH	ALK	ANG	UNK	ING	IR	WOR	ANK
	INK	ONG	WA	UNG	OI	OY	

1. right   sight   moonlight

2. talk   crosswalk   beanstalk

3. rang   bang   sprang

4. skunk   drunk   hunk

5. counting   turning   farming

6. third   bird   stir

7. world   work   worthy

8. bank   thank   plank

9. wink   sink   strong

10. long   wash   want

11. sung   stung   coin

12. moist   joy   toy

167

Reading Practice Challenge

Enters The King

700 years before the birth of Jesus, the prophet Isaiah predicted his birth in the book of Isaiah chapter 7 verse 14.

700 years later in the town of Nazareth, Mary, a young virgin (about 14 years old) was visited by the angel Gabriel. He told her she would have a baby boy conceived by the Holy Spirit; and He would be called the Son of GOD.

When Elizabeth was six months pregnant with John the Baptist, her younger cousin Mary came to visit. When Mary said hello to her cousin – the baby (John the Baptist) jumped inside of Elizabeth. Elizabeth greeted Mary telling her that her unborn baby jumped for joy at the entry of Mary and the unborn Lord. (Mary was in the early part of her pregnancy with baby Jesus at that time.)

Later when Mary's betrothed, Joseph, found out she was pregnant he was going to put her out quietly (since he knew he wasn't the baby's father). BUT an angel who appeared to Joseph in a dream told him not to be afraid to take Mary as his wife, because she was pregnant by the Holy Spirit. The angel told Joseph that they were to name the baby Jesus, because He will save His people from their sins.

A few months later, a census was ordered, and everyone had to go to his hometown and be counted. Because Joseph was of the lineage of King David, he and Mary went to be counted in Joseph's family's hometown of Bethlehem. While there, Mary gave birth to Jesus in a stable.

The first people to hear of the birth were shepherds.(Shepherds were considered to be the lowest of society!) An angel appeared to them in the field and told them, not to be afraid. There was Good News, that a Savior, who is Messiah the LORD, was born in Bethlehem and they would find the baby in a feed trough. The shepherds left their flocks and went to see this miracle.

Later Jesus' family (warned by an angel in a dream) would flee to Egypt to keep Jesus from being killed. (King Herod had ordered all the male children in Bethlehem two years old and under killed.) This was because Herod had been told by the wise men that they were seeking the King born in Bethlehem; and King Herod didn't want to be replaced by this new king child.

168

Er   **Smaller**

Hint: A root word ending with a single consonant that has a short sounding vowel
First double the consonant before adding a suffix (ending) that begins with a vowel.

drummer	**hotter**	**winner**	**dinner**
simmer	dimmer	slimmer	fatter
swimmer	**supper**		

smaller	finger	ringer	faster
slower	**helper**	**keeper**	**colder**
bolder	longer	lighter	darker
reporter	**quicker**	**burner**	**trainer**

Est   **Tallest**

Hint: Adding the suffix (est) changes a root word to mean the Most.

tallest	**smallest**	**longest**	**fewest**
loudest	roughest	softest	richest
slowest	**fastest**	**biggest**	**lightest**
shortest	brightest	quickest	nicest
greatest	**darkest**	**poorest**	**meanest**

169

Word Search

```
X A W S E O P D I N N E R V N B P X
A A I X O N K Q P Q N I C E S T K Z
H D A R K E R Y A U N V G X W M O H
Q A A O Y L K Q F V S O F T E S T I
B B W Q I L H E L P E R I N O A A U
P O O R E S T J P Q H R I I V M I U
Z Q N C Q B H J L Q O B I G G E S T
R Y K E E P E R E W W R T C Z X A Z
C B E H C O L D E R X V N M U U E O
B U R N E R L Q O K T F A S T E R W
Z P W R K H S W A D A R K E S T Q U
L O N G E R U U K R B O L D E R X L
B W M E A N E S T K P K O W T R U D
V B N M U V G B P W W I N N E R F I
```

Find the words

BOLDER	DARKER	LONGER	MEANEST
BURNER	FASTER	WINNER	NICEST
COLDER	HELPER	BIGGEST	POOREST
DINNER	KEEPER	DARKEST	SOFTEST

170

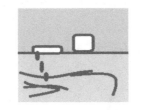

Ed   Melted

Hint:(ed) at the end of a word changes the word to show it is done/finished.

Hint: (ed) after a (t or d) at the end of a word says (ed)

melted	landed	waited	needed
pointed	**painted**	**shouted**	**toasted**
counted	pouted	seeded	weeded
chanted	**charted**	**cheated**	**lighted**
drifted	sighted	sifted	blighted

Ed   Hatched

Hint: The suffix (ed) can say (T)

cooked	talked	winked	fished
jumped	**walked**	**packed**	**bumped**
stamped	helped	thanked	hatched
pitched	**watched**	**ripped**	**pushed**

171

Word Search

```
X A W S E O P O W A I T E D N B P X
B L I G H T E D P C H A R T E D K Z
H P L W P V N Y A D R I F T E D O H
H A T C H E D Q F V N X O X O N Z I
B C H E A T E D G M E L T E D A A U
A R E E E W P J P Q H L A N D E D U
Z Q N C Q B U M P E D B N M P I L W
R Y F I S H E D E W W R T C Z X A Z
C B E H Y O O X N S E E D E D U E O
G W W J G K J U M P E D V H P M R W
Z P S I F T E D A C B R W Q D E Q U
C Q X G H I U U K R C O O K E D X L
B W G N E E D E D K P K O W T R U D
V B N M N V G B P W P U S H E D F I
```

Find the words

BLIGHTED	LANDED	SIFTED	FISHED
CHARTED	MELTED	WAITED	HATCHED
CHEATED	NEEDED	BUMPED	JUMPED
DRIFTED	SEEDED	COOKED	PUSHED

172

Ed   **Prayed**

Hint: The suffix (ed) can say (D)

prayed	played	snowed	wanted
turned	**oiled**	**joined**	**filled**
rained	sailed	loved	spilled
cooled	**sealed**	**soiled**	**combed**
loaned	roamed		

Tch   **Match**

Hint: (tch) is usually after a short vowel.

_U atch	_U etch	_U itch	_U otch	_U utch
match	patch	catch	scratch	hatch
watch	**switch**	**ditch**	**pitch**	**itch**
stitch	batch	witch	latch	hitch
wretch	**stretch**	**botch**	**butcher**	**hutch**

Say the sight words: where   give

173

Word Search

```
X J O I N E D O N M K C O O L E D X
A A I X O N K Q P Q C A T C H V K Z
H P L W P R A Y E D N V G X W M O H
Q A A O Y L K Q F I L L E D O N Z I
B B W Q I L O V E D B J I N O A A U
A R E E E W S P I L L E D I V M I U
Z Q C O M B E D L Q O B N M P I L W
R Y J W B B W H E W W S W I T C H Z
C B E H Y O I L E D X V N M U U E O
G W W J G K L Q P A T C H H M R W
Z P I T C H S W A C B R W Q D E Q U
C Q X G H I W R E T C H L A J L X L
B W G E E Q R T K P L A Y E D U D
W A T C H V G B P S E A L E D P F I
```

Find the words

COMBED	LOVED	SEALED	WATCH
COOLED	OILED	SPILLED	WRETCH
FILLED	PLAYED	CATCH	PITCH
JOINED	PRAYED	PATCH	SWITCH

174

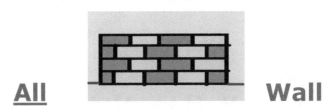

<u>All</u>   <u>Wall</u>

Say the Words

wall	ball	call	fall	caller	falling
hall	mall	tall	stall	taller	tallest

small   smaller   smallest

hallway   football   baseball

rainfall   waterfall   nightfall

ballpark   meatball   ballgame

<u>Ly</u>   Nightly

Say the Words

nightly	slowly	boldly	quickly
quietly	softly	darkly	tightly
daily	loudly	happily	fairly
greatly	firmly	earthly	costly
Heavenly	bravely	fearfully	clearly

175

Word Search

```
X A Q U I C K L Y M K F Z V N B P X
A A S M A L L Q P Q W R H A L L K Z
H P N I G H T L Y B O L D L Y M O H
Q A A O Y L K G R E A T L Y O N Z I
B B W Q I F A L L M B L O U D L Y U
A R A I N F A L L Q H R I I V M I U
Z Q N C Q B H J L Q O B N M A L L W
R Y J W B B W T A L L R T C Z X A Z
C F I R M L Y X N H E A V E N L Y O
G W W A T E R F A L L U V H P M R W
Z P W R K H S W A C A L L Q D E Q U
C Q C O S T L Y K R S O F T L Y X L
B A L L E E Q R T K P K S T A L L D
V B N M U V D A I L Y I N K J P F I
```

Find the words

BALL	MALL	TALL	DAILY	LOUDLY
CALL	RAINFALL	WATERFALL	FIRMLY	NIGHTLY
FALL	SMALL	BOLDLY	GREATLY	QUICKLY
HALL	STALL	COSTLY	HEAVENLY	SOFTLY

176

Say the Words

<u>Ear</u>   Ear

ear	year	sear	tear	ears
years	**sears**	**hear**	**tears**	**searing**
dear	blear	fear	hears	fearing
fears	**rear**	**clear**	**bleary**	**nearing**
near	blears	drear	gears	clearing

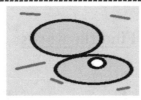

<u>Ear</u>   Pear

pear	**wear**	**bear**	**swear**
tear	bears	wears	wearing
tears	**swears**	**tearing**	**swearing**

<u>Ear</u>   Pearl

pearl	**pearly**	**early**	**learn**
earn	search	earning	earth
heard	**research**	**earthly**	**hearth**

Word Search

```
X A W S E O P O N M K F Z V N B P X
A A I X O N K Q P Q W R T W E A R Z
H P L W P V H E A R D V G X W M O H
Q E A R T H K Q F V N X O N E A R I
B B W Q I L H G G E A R S N O A A U
A R E E E W P E A R L R I B E A R U
Z Q N T E A R S L Q O B N M P I L W
R Y J W B B W H E W E A R I N G A Z
C B E A R L Y X N H L E A R N U E O
G W W J G K D E A R T U V H P M R W
Z E A R N H S W A C B S W E A R Q U
C Q X G C L E A R R E A R A J L X L
B F E A R E Q P E A R K O H E A R D
V B N M U V G B S E A R C H J P F I
```

Find the words

CLEAR	GEARS	PEAR	WEARING	HEARD
DEAR	HEAR	SWEAR	EARLY	LEARN
EAR	NEAR	TEARS	EARN	PEARL
FEAR	BEAR	WEAR	EARTH	SEARCH

178

<u>Ew</u> **Blew**

<u>Say the Words</u>

blew	**flew**	**grew**	**Jewish**
strew	chew	chews	jewelry
jewel	**Jews**	**jewels**	

<u>Ew</u> **Mew**

<u>Say the Words</u>

mew	few	new	news
newer	**fewer**	**newly**	**newest**
mews	pew	pews	fewest
mewing	**newspaper**		

179

Word Search

```
X A J E W I S H N M K F S T R E W X
A A I X O N K N E W E S T U K V K Z
H P J E W S N Y A U B L E W W M O H
Q A A O Y L K Q F V N E W L Y N Z I
B B W Q M E W I N G B J E W E L A U
A F E W E P J F L E W I I V M I U
Z Q N C Q B H J L Q O P E W S I L W
R Y J W B B W N E W R T C Z X A Z
C H E W Y O O X N H J E W E L S E O
G W W J E W E L R Y T U V H P M R W
Z P W R K N E W S P A P E R D E Q U
C Q X G R E W U K R E R L A M E W L
B W F E W E S T T K P K O W T R U D
V B N M U V G B P F E W E R J P F I
```

Find the words

BLEW	JEWEL	JEWS	FEWEST	NEWEST
CHEW	JEWELRY	STREW	MEW	NEWLY
FLEW	JEWELS	FEW	MEWING	NEWSPAPER
GREW	JEWISH	FEWER	NEW	PEWS

180

<u>Say the Words</u>

<u>Wh</u>　　　　　　　　　Wheel

wheel	**wheat**	**while**	**whisk**	**which**
white	why	when	what	whistle
whale	**whirl**	**where**	**whim**	**whiskers**
wham	whap	whip	whiz	whoa

whirlwind　　　　**whichever**　　　　**whirlpool**

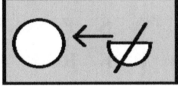

<u>Wh</u>　　　　　　　　　Whole

Hint: When (Wh) is followed by O the W is silent.

who	**whose**	**whoop**	**whole**	**whom**
wholly	whoever	whore	whomsoever	
whooplas	**whoso**	**whodunit**	**whomever**	
wholeness	wholesome	wholesales		
wholehearted		**wholeheartedly**		

181

Word Search

```
X A W H O M P O N M K F Z V N B P X
A A I X O N K Q P Q W H O O P V K Z
H P L W P V N W H O E V E R W M O H
Q W H O Y L K Q F V N X O X O N Z I
B B W Q I W H E N M B J I N O A A U
A R E E W P J P W H O S O V M I U
Z Q N C Q B H J L Q O B W H I C H W
R Y J W H A T H E W W H I L E X A Z
C B W H O A O X W H O S E M U U E O
G W W J G K L Q O K T U V H P M R W
Z P W H I P Q W H A L E W Q D E Q U
C Q X G H I U U K R W H E A T L X L
B W H E E L Q R T K P K O W T R U D
V B N M U V G B P W H E R E J P F I
```

Find the words

WHALE	WHEN	WHIP	WHOM
WHAT	WHERE	WHOA	WHOOP
WHEAT	WHICH	WHO	WHOSE
WHEEL	WHILE	WHOEVER	WHOSO

Say the Words

Old

Sold

sold	**behold**	**retold**	**unfold**	**uphold**
old	gold	scold	told	embolden
cold	**fold**	**bold**	**hold**	**tenfold**
mold	holder	folds	golden	folded
withhold	**fivefold**	**stronghold**		**scaffold**
foretold	oversold	landholder		

Mb

Comb

Hint: The (B) in (MB) is silent

comb	**dumb**	**bomb**	**tomb**	**womb**
lamb	numb	crumb	limb	thumb
plumb	**climb**	**climbs**	**limbs**	**thumbs**
lambs	combs	combed	plumber	
climbed	**climbing**	**combing**	**forelimb**	
doorjamb	honeycomb	beachcomber		

183

Word Search

```
T O M B E O T O L D K F Z C O L D X
A A I B O L D Q P Q W D U M B V K Z
H P L A M B N Y A U N V G X W M O H
Q A A O Y C R U M B N X O L D N Z I
B B W Q I L H G G M B J I N O A A U
A S O L D W P J P Q H O L D V M I U
Z Q N L I M B J L Q O B N M P I L W
R Y J W B B W S T R O N G H O L D Z
C O M B Y O O X N P L U M B U U E O
G W W J G K L Q O K T G O L D M R W
Z P W O M B S W A C B O M B D E Q U
C Q X G H I U U K R E R L A J L X L
B W G E E E Q U P H O L D W T R U D
V T H U M B G B P W X I F O L D F I
```

Find the words

BOLD	HOLD	TOLD	CRUMB	PLUMB
COLD	OLD	UPHOLD	DUMB	THUMB
FOLD	SOLD	BOMB	LAMB	TOMB
GOLD	STRONGHOLD	COMB	LIMB	WOMB

184

<u>Review 5 of the blends on pages 169-183</u>

ER	EST	ED	ED	ED	TCH	ALL	LY	EAR	EAR
	EAR	EW	EW	WH	WH	OLD	MB		

1.	hotter	dimmer	winner
2.	shortest	smallest	fastest
3.	needed	waited	fished
4.	walked	prayed	loved
5.	match	switch	call
6.	football	costly	quickly
7.	year	fear	bear
8.	swear	search	learn
9.	blew	jewel	few
10.	newest	wheat	when
11.	whole	who	gold
12.	uphold	lamb	thumb

185

Reading Practice Challenge

Miracles of Jesus
Some of the things Jesus did

* Turned water into wine at a wedding feast in Cana of Galilee when the embarrassed hosts ran out of wine.
* Healed a man of leprosy who asked for help.
* Healed by long distance a Centurion's servant who was at the Centurion's home laying paralyzed.
* Touched Peter's mother-in-law's hand and healed her of a fever.
* Drove out spirits from many demon possessed and healed all the sick brought to Him.
* Stopped a storm that was swamping the Disciples' boat by speaking to the storm and the waves.
* Drove demons out of two men into a herd of pigs. Then the pigs ran into the sea and drown.
* Healed a paralyzed man.
* A woman with a twelve year long bleeding problem was healed when she touched the hem of Jesus' robe.
* Restored to life a twelve year old girl who had died.
* Healed a mute man who never before could speak.
* Restored a man's withered hand to a healthy normal hand.
* Cursed a fig tree that had no fruit – and it dried up and died.
* Fed 5,000 men plus their wives and children with five loaves and two fish and still had twelve baskets of left-overs!
* Fed 4,000 men plus their wives and children with seven loaves of bread and a few small fish and had seven large baskets of left-overs!
* Raised Lazarus from the dead after four days!
* Healed two blind men.
* Told Peter to catch a fish and that there would be a coin in the fish's mouth to pay their taxes, and he did!
* Walked on water.
* Walked through walls after His resurrection.
* Healed a man born blind.

Jesus did more healings and signs that if written down would fill all the books in the world.

Say the Words

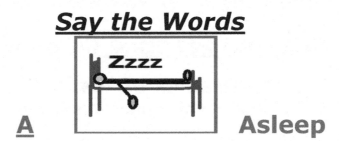

A   **Asleep**

Hint: Add the prefix (A) to the front of a root word makes it show a state of being.

asleep	**awake**	**awoke**	**alone**	**abide**
above	around	apart	away	adopt
arose	**along**	**across**	**again**	**agree**
alike	about	another	afraid	aloud

Le   **Bicycle**

Hint: The (Le) sounds like (ul)

bicycle	**middle**	**riddle**	**bottle**
fiddle	snuggle	sizzle	juggle
little	**puzzle**	**saddle**	**cycle**
pebble	nibble	tricycle	struggle
stable	**needle**	**trouble**	**kettle**
scribble	paddle	puddle	table
jiggle	**gobble**	**Bible**	**tickle**
staple	rattle	giggle	turtle
marble	**twinkle**	**simple**	**handle**

187

Word Search

```
X A W F I D D L E M K F L I T T L E
A L O U D N K Q P A W A K E K V K Z
H P L W P V N Y A R O S E X W M O H
Q C Y C L E K Q F V A G R E E N Z I
B I B L E L H G G M B J I N O A A U
A R E E E W P J P G I G G L E M I U
Z Q N C Q A D O P T O B N M P I L W
R Y J W T R O U B L E R T C Z X A Z
A F R A I D O X N H X V A B O V E O
G W W J G S T R U G G L E H P M R W
Z P W R K H S W A L I K E Q D E Q U
C Q X A B I D E K R E A C R O S S L
B I C Y C L E R T K P E B B L E U D
V B N M U V G B H A N D L E J P F I
```

Find the words

ABOVE	AFRAID	AROSE	CYCLE	LITTLE
ABIDE	AGREE	AWAKE	FIDDLE	PEBBLE
ACROSS	ALIKE	BIBLE	GIGGLE	STRUGGLE
ADOPT	ALOUD	BICYCLE	HANDLE	TROUBLE

188

Say the Words

Ind   **Blindfold**

kind	find	wind	blindfold
mind	remind	behind	mankind
blind	unwind	reminds	spellbind
bind	hind	unkind	humankind
grind	rind	rewind	mastermind

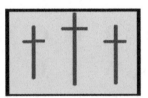

Es   **Crosses**

Hint: (ES) is added to words ending with (X) (CH) (SS) (SH) (S)
(words that make the "S" sound) to make them plural.

peaches	beaches	dishes	axes
crosses	glasses	boxes	branches
churches	switches	buses	matches
lunches	dashes	ditches	hatches
brushes	fishes	watches	wishes
touches	rashes	clashes	dresses

189

Word Search

```
X A W R E M I N D M K F Z V N B P X
A A I X O N K I N D W R D I S H E S
H B I N D V N Y A U N V G X W M O H
Q A A O Y L C R O S S E S X O N Z I
B B W Q I L H G G M A N K I N D A U
A R F I S H E S P Q H R I I V M I U
Z Q N C Q B H J L Q O B F I N D L W
R Y J W B B E H I N D R T C Z X A Z
C B E H Y O O X N H A T C H E S E O
G W W J G K L B L I N D V H P M R W
Z M I N D H S W A X E S U N W I N D
C Q X G H I U U K R E R L A J L X L
B E A C H E S R T K P K O W T R U D
V B N M U V G B L I N D F O L D F I
```

Find the words

BEHIND	FIND	REMIND	CROSSES
BIND	KIND	UNWIND	DISHES
BLIND	MANKIND	AXES	FISHES
BLINDFOLD	MIND	BEACHES	HATCHES

190

Say the Words

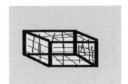

G   **Cage**

Hint: G says (J) when (e, i, or y) follows it.

cage	**sage**	**wage**	**age**
giant	germs	rage	page
huge	**Germany**	**clergy**	**hinge**
stage	strange	energy	gin
gentle	**gentleman**	**gentlemen**	

Dge   **Judge**

Hint: The (D)   in   (DGE)   is silent.

judge	**pledge**	**hedge**	**ledge**
dodge	edge	badger	lodge
bridge	**smudge**	**wedge**	**nudge**
badge	fridge	fudge	trudge
Madge	**cartridge**	**grudge**	**budge**

Say the sight words: were   any   only

191

Word Search

```
X A W S E D G E N M K F S T A G E X
A A I X O B R I D G E R T U K V K Z
H G I A N T N Y A U N J U D G E O H
Q A A O Y L K Q F G R U D G E N Z I
B B W F U D G E G M B J I N O A A U
A R E E E W P J P Q H E D G E M I U
Z Q E N E R G Y L Q O B N M P I L W
R Y J W B B W E D G E R T C Z X A Z
C B A D G E O X N H X V N R A G E O
G W W J G K L O D G E U V H P M R W
P A G E K H S W A C B P L E D G E U
C Q X G H I N G E R E R L A J L X L
B W A G E E Q R T K P K H U G E U D
C L E R G Y G B P W A G E K J P F I
```

Find the words

AGE	HINGE	STAGE	EDGE	JUDGE
CLERGY	HUGE	WAGE	FUDGE	LODGE
ENERGY	PAGE	BADGE	GRUDGE	PLEDGE
GIANT	RAGE	BRIDGE	HEDGE	WEDGE

192

Au   **Saucer**

Say the Words

saucer	sauce	faucet	taught
Paul	**Saul**	**jaunt**	**haunt**
pause	cause	daub	because
vault	**fraud**	**gaunt**	**August**
launch	haul	fault	daunt
maul	**paunch**	**gauze**	**fault**

Aw   **Paw**

Say the Words

caw	claw	hawk	dawn	saw
paw	jaw	straw	law	yawn
drawn	**raw**	**squawk**	**lawn**	**maw**
prawn	lawn	thawing	draw	thaw
fawn	**crawl**	**yawned**	**trawl**	**shawl**
pawn	sawn	scrawl	spawn	brawn

Say the sight words: broad   where   there   once

193

Word Search

```
X V A U L T P O N M K P A W N B P X
A A I X O N K Q P Q W S A U L V K Z
B R A W N V N B E C A U S E W M O H
Q D A W N L K Q F V N X O X O N Z I
B B W Q I L H G A U G U S T O A A U
A S T R A W P J P Q H R H A W K I U
Z Q N C L A W J L Q O B N T H A W W
R Y J W B F A W N W W R A W Z X A Z
C B E H Y A W N N H X V N M U U E O
G W W J G K L Q O K T D A U N T R W
Z P W R K H S A U C E R W Q D E Q U
C Q X F A U L T K R E R P A U L X L
B W G E E E Q R T K P K O W T R U D
V C A U S E G B P W X H A U L P F I
```

Find the words

AUGUST	FAULT	SAUL	DAWN	RAW
BECAUSE	HAUL	VAULT	FAWN	STRAW
CAUSE	PAUL	BRAWN	HAWK	THAW
DAUNT	SAUCE	CLAW	PAW	YAWN

194

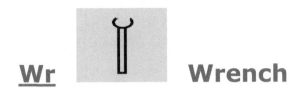

Wr   Wrench

Hint: The (W) in (WR) is silent.

Say the Words

wrench	wrong	write	wrinkle
wrap	wrapper	writing	wrought
wren	wrestle	wrist	wrote
wreck	wrapping	wretched	wretch
writable	wrathful	wring	wry
wrangle	wreckage	wrangler	wrath
wreath	written	writer	wrung

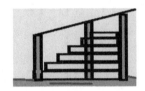

Air   Stairs

Say the Words

stairs	air	hair	fair
staircase	disrepair	flair	chair
hairstyle	solitaire	repair	pair
stairwell	hairbrush	fairly	hairy
airliner	airplane	dairy	unfair
airbag	aircraft	airport	hairdo
airfield	prairie	mohair	lair
éclair	unfair	fairest	Clair

Say the sight word: (sure)

195

Word Search

X A W S E O P O N M K F Z V N B P X

A A I X O N K Q P Q W R O N G V K Z

H P L W R E T C H U N V G L A I R H

Q A A O Y L K Q F A I R O X O N Z I

B B F L A I R G G M B A I R O A A U

A R E E E W R Y P Q H R I I V M I U

Z Q N C Q B H J L Q O B N M P I L W

R Y J W R O T E E W W R I T E X A Z

C B E H Y O O W R A T H N M U U E O

G W W J G K L Q O K T U V H P M R W

Z P W R E C K W A C B R W R A P Q U

C Q X C H A I R W R E S T L E L X L

H A I R E E Q R T K P K O W T R U D

V B N M U V G B P W R U N G J P F I

Find the words

WRAP	WRETCH	WRUNG	FAIR
WRATH	WRITE	WRY	FLAIR
WRECK	WRONG	AIR	HAIR
WRESTLE	WROTE	CHAIR	LAIR

196

Ey   **Hey**

Hint: (EY) may make two different sounds Long (E) or Long (A)

Say the Words
(EY)   making the long (A) sound

hey	obey	survey	convey
they	**whey**	**disobey**	**Grey**
Osprey	prey	purvey	parley

Ey   **Money**

Say the Words
(EY) making the long (E) sound

money	donkey	galley	volley
journey	**turnkey**	**odyssey**	**monkey**
Jersey	key	parsley	trolley
turkey	**hockey**	**valley**	**alley**
pulley	surrey	boney	honey
chimney	**Bailey**	**kidney**	**jockey**

197

Word Search

```
X A W S E O D O N K E Y Z V O B E Y
K E Y X O N K Q P Q W P U L L E Y Z
H P L W P V N G A L L E Y X W M O H
D I S O B E Y Q F V N X O X O N Z I
B C O N V E Y G G M B J I N O A A U
A R E E E W P J P A R L E Y V M I U
Z Q N C Q B H J L Q O B N M P I L W
R Y J W B B W H E Y W R T C Z X A Z
T H E Y Y O O X N H O N E Y U U E O
G W W J G K L Q O K P U R V E Y R W
Z P M O N K E Y A C B R W Q D E Q U
C Q X G H I U U S U R V E Y J L X L
B W G E E E Q R T K P V O L L E Y D
V B N J O U R N E Y X I N K J P F I
```

Find the words

CONVEY	SURVEY	DONKEY	KEY
DISOBEY	THEY	GALLEY	MONKEY
OBEY	WHEY	HONEY	PULLEY
PARLEY	PURVEY	JOURNEY	VOLLEY

198

Ought   Thought

Hint: (ought) and (aught) make the same sound

thought	**bought**	**fought**
brought	drought	ought
wrought	**besought**	**sought**
thoughts	unsought	

Aught   Taught

taught	**caught**	**daughter**
draught	draughty	laughter
naught	**uncaught**	**untaught**
aught	fraught	naughty

Ie   Piece

Hint: (IE) makes the long (E) sound

piece	**chief**	**thief**	**cookie**
movie	field	shield	brownie
cutie	**pixie**	**rookie**	**wield**
believe	oldie	achieve	brief
priest	**niece**	**relieve**	**grieve**

199

Word Search

```
M O V I E O P O N B R O U G H T P X
A A I X O N K Q D A U G H T E R K Z
H P L W P R I E S T N V G X W M O H
Q A A O Y L K Q F O U G H T O N Z I
B B W Q I L H G C A U G H T A A U
A R F R A U G H T Q H R I I V M I U
Z Q N C Q B H J L A U G H T E R L W
R Y T H O U G H T W W R T C Z X A Z
C B E H Y O O X N H X V N M U U E O
F I E L D K L Q O K T A U G H T R W
Z P W R K H S W A C B O U G H T Q U
C O O K I E U U K R E T H I E F X L
B W G E B E L I E V E K O W T R U D
V B N M U V G B P W C U T I E P F I
```

Find the words

BOUGHT   CAUGHT   TAUGHT   FIELD
BROUGHT   DAUGHTER BELIEVE   MOVIE
FOUGHT   FRAUGHT   COOKIE   PRIEST
THOUGHT   LAUGHTER CUTIE   THIEF

200

The Sword's Learn to Read Book for Adults

Review 6 of the blends on pages 187-199

A	LE	IND	ES	G	DGE	AU	AW	WR	AIR
	EY	EY		OUGHT		AUGHT	IE		

1. asleep — away — aloud
2. little — Bible — staple
3. kind — blind — behind
4. peaches — crosses — fishes
5. wage — gentle — strange
6. judge — edge — lodge
7. Saul — because — straw
8. law — wrestle — wrong
9. chair — repair — money
10. turkey — obey — they
11. bought — fought — daughter
12. caught — thief — brownie

201

Reading Practice Challenge

Ministry of Jesus

When Jesus was about 30 years old he was baptized by his cousin John the Baptist; while GOD spoke from Heaven, "This is My beloved Son." "I take delight in Him!"

Jesus began His ministry by preaching, "Repent, because the kingdom of heaven has come near!"

Jesus called twelve disciples to follow Him. Eleven of these were the men who would form and lead the first churches after; Jesus' death on the cross, His resurrection, and His ascension to Heaven.

Jesus preached to huge crowds of thousands of followers. He healed people, raised the dead to life, and taught how people should live. He told the people, "Don't assume I came to destroy the Law or the prophets." "I did not come to destroy, but to fulfill." Jesus modeled the sinless life that GOD requires. He was without sin.

Jesus drove out demons. Jesus forgave people of their sins. He called the proud religious leaders of His time, "A brood of vipers!" He cleared the Temple of sellers of sacrificial animals and overturned the money changers tables. He even made a whip and chased them out of the building! Saying His Father's House is a place of worship and they had made it a Den of Thieves!

Jesus was strong, not afraid to right wrongs! He was gentle, He was just, and He was honest. He did not deny that He was the Son of GOD! That angered the religious leaders because they feared the people would follow Jesus and not them. They did not understand Jesus came to live a sinless life (which He did), that He pointed out people must repent of (turn from) their sins; that He would die on the cross and have the sins of all the world placed on Him. That He would be the sacrificial Lamb of GOD. That He would be buried in the tomb three days, and that He would rise ALIVE!

When Jesus died on the cross, He said, "It is Finished!" At His death: the sun was dark for three hours; the veil in the Temple split in two from top to bottom; and there was an Earthquake!

Reading Practice Challenge

Ministry of Jesus After His Death

After Jesus was placed in the tomb, and the entrance sealed with a huge rock, a guard was set to make sure nothing happened to Jesus' body.

On the third day an angel rolled the stone away and Jesus arose alive! The guards were helpless!

He was seen alive by some of the women who had come to anoint His dead body. What a surprise!

Later that morning He appeared in a locked room where the disciples were hiding from the Romans. Jesus spoke with them in the locked room, proving to them that He was ALIVE!

He also traveled with two men walking on the road, explaining to them what happened... had to happen.

Simon Peter, Thomas, Nathanael, Zebedee's sons and two others went fishing all night and caught nothing. Jesus called to them from the shore asking them if they had any fish. He told them to cast their net on the right side of the boat. They did, and caught so many fish they couldn't haul in the net! Peter then realized that it was Jesus and he said, "It is the LORD!". Then Peter jumped in the water and waded to shore. Jesus told them, "Come and have breakfast."

Jesus ate fish with them (which proved He was real and not a ghost). He told Peter that if he loved Him, Peter should "Feed the sheep". (Preach to people about Jesus)

Later, Jesus appeared to the eleven disciples and said to them, "Go into all the world and preach the gospel to the whole creation." "Whoever believes and is baptized will be saved, but whoever does not believe will be condemned."

Then after speaking to them, the Lord Jesus was taken up into Heaven and sat down at the right hand of GOD.

Say the Words

Ould   Shouldn't

shouldn't	**would**	**could**
should	wouldn't	couldn't
shoulder	**mould**	**boulders**

Ou   Double

double	**hideous**	**jealous**
though	furious	thought
poultry	**young**	**touch**
country	cousin	county
touchy	**trouble**	**double**
anxious	touched	nervous
couple	**obvious**	**serious**
odious	enough	coupon

Say the sight words: *does*   *two*   *there*

204

Word Search

X A W S E H I D E O U S Z V N B P X
C O U S I N K Q P O U L T R Y V K Z
H P L W P E N O U G H V G X W M O H
Q A A O B V I O U S N X O X O N Z I
B B W O U L D G G M B J I N O A A U
A R E E E W P J P S H O U L D E R U
Z Q N C Q B J E A L O U S M P I L W
R Y J W A N X I O U S R T C Z X A Z
C B E H Y O O X N H X V N M U U E O
T O U C H K L Q O D I O U S P M R W
Z P W R K H S W A C O U N T Y E Q U
C Q X G H I U U K Y O U N G J L X L
D O U B L E Q R T K P F U R I O U S
V B N E R V O U S W X I N K J P F I

Find the words

SHOULDER   COUSIN   HIDEOUS   ODIOUS
WOULD   DOUBLE   JEALOUS   POULTRY
ANXIOUS   ENOUGH   NERVOUS   TOUCH
COUNTY   FURIOUS   OBVIOUS   YOUNG

205

Say the Words

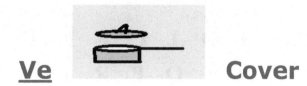

<u>Ve</u>   Cover

have	give	live	move
active	remove	evolve	love
glove	shove	valve	above
motive	absolve	solve	several
oven	cover	lover	liver
outlive	forgive	giver	mover
forgiven	shovel	captive	

<u>C</u>   Face

Hint: (C) says (S) when (e, i or y) comes after it.

face	city	cent	grace	lace
Joyce	choice	rice	excite	cyclone
pace	race	slice	ounce	cease
circle	circus	pencil	cancel	scent
lice	ice	mice	nice	twice
center	rejoice	cycle	spice	splice
place	space	trace	office	fancy
juice	fence	prince	dice	glance
decide	cell	exercise	excel	dance
prance	chance	ocean	sauce	voice

206

Word Search

```
X A W R E J O I C E K F Z V N B P X
A A I X O N K Q P R I N C E K V K Z
H P G I V E N Y A U N V G X W M O H
Q A L O V E K Q F E N C E X O N Z I
B B W Q I L H G G M B J U I C E A U
A R E E F O R G I V E N I I V M I U
Z M I C E B H J L Q O B N M P I L W
R Y J W B B W R E M O V E C Z X A Z
C B E H Y M O T I V E V N M U U E O
G W W J G K L Q O K C E N T E R R W
Z P C O V E R W A C B R W Q D E Q U
C Q X G H I U U K D E C I D E L X L
B W G E E E Q R T K P V O I C E U D
F A N C Y V G R A C E I N K J P F I
```

Find the words

COVER	MOTIVE	FENCE	MICE
FORGIVEN	REMOVE	FANCY	PRINCE
GIVE	CENTER	GRACE	REJOICE
LOVE	DECIDE	JUICE	VOICE

207

Say the Words

<u>Are</u>   Mare

mare	care	pare	blare	spare
bare	fare	flare	share	scared
ware	rare	scare	spared	square
dare	tare	glare	beware	careful
carefully		careless	compare	

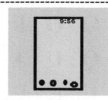

<u>Ph</u>   Phone

Hint: (PH) makes the (F) sound

phone	phony	phrase	phew
elephant	phonics	triumph	phase
orphan	physics	Phelps	photo
telephone	triumphant		phobia
triumphantly	pharmacy		Philip
Philadelphia	aphid		Phil

208

Word Search

X A W S E O P H R A S E Z V N B P X

A A I X S P A R E D W R T U K V K Z

H P L W P V N Y A U N V G L A R E H

Q A A O Y L K Q F T R I U M P H Z I

B P H O N E H G G M B J I N O A A U

A R E E E W P J P M A R E I V M I U

Z P A R E B H J L Q O B R A R E L W

R Y J W B B W H E L E P H A N T A Z

A P H I D O O X N H X V N M U U E O

G W W J G K L Q O R P H A N P M R W

Z P W R K H S Q U A R E W Q D E Q U

C A R E H I U U K R E F L A R E X L

B W G E E Q B L A R E O W T R U D

V B D A R E G B P W X I N K J P F I

Find the words

BLARE	GLARE	SPARED	APHID
CARE	MARE	SQUARE	ELEPHANT
DARE	PARE	PHONE	ORPHAN
FLARE	RARE	PHRASE	TRIUMPH

209

Say the Words

En  Mittens

mittens	darken	golden	waxen
woolen	quicken	dampen	broken
forsaken	loosen	sharpen	frozen
wooden	earthen	freshen	taken
frighten	happen	harden	amen
brighten	deepen	oxygen	open
forgiven	lighten	chosen	oxen
stricken	warden	kittens	opens

Ild  Child

child	mild	wild	wilds
milder	wildly	mildly	wilder
wildest	mildest	stepchild	
childproof	childhood	wild-child	
childlike	wildfire	wildlife	

210

Word Search

```
X A W S F O R G I V E N Z V N B P X
A A I X O N K Q P Q W R T U K V K Z
D A R K E N N Y Q U I C K E N M O H
Q A A O Y L S H A R P E N X O N Z I
B B C H I L D G G M B R O K E N A U
A R E E E W P J P Q H R I I V M I U
Z Q N C H O S E N Q O B N M I L D W
R Y J W B B W H E G O L D E N X A Z
C B E H Y O P E N H K I T T E N S O
G W W J G K L Q O K T U V H P M R W
Z P W F O R S A K E N R W Q D E Q U
W I L D H I U U K R E R L A M E N L
B W G E H A P P E N P K O W T R U D
V B N M U V G B P W A X E N J P F I
```

Find the words

AMEN	FORSAKEN	KITTENS	WAXEN
BROKEN	FORGIVEN	OPEN	CHILD
CHOSEN	GOLDEN	QUICKEN	MILD
DARKEN	HAPPEN	SHARPEN	WILD

211

Ea *Hint: (EA) may say the Long A, or the Long E, or the Short E sound!*

Ea Peach

Long (E) sound (EA) pair

peach	breach	beach	neat
reach	bleat	yeast	beat
wheat	teach	read	eat
beast	least	East	seal
Eastern	feat	deal	easy
measles	peat	real	meat
peanut	easily	heat	seat
please	cream	heal	meal
stream	weak	beak	creak
veal	sea	teak	tea

Ea Break

Long (A) sound (EA) pair

break	steak	great	greater
greatly	breaking	steaks	breaker

Ea *Head*

Short (E) sound (EA) pair

head	bread	thread	tread	read
Heaven	ready	meadow	dead	lead
feather	dread	pleasant	leaven	weather

212

Word Search

```
X A W B R E A D N M K F Z V N B P X
A A I X O N K Q P Q W R E A C H K Z
H P L W S E A D R U N D R E A D O H
Q A A O Y L K Q F V N X O X O N Z I
B B W Q I L E A V E N J I N O A A U
A D E A L W P J P Q H R I I V M I U
Z Q N C Q B H J L Q O B R E A K L W
L E A S T B W H E W W R T C Z X A Z
C B E H E A L X N H E A V E N U E O
G W W J E A S T O K T U V H P M R W
Z P W R K H S W A C R E A M D E Q U
C Q X G H I U U G R E A T A J L X L
B W B E A S T R T K M E A L T R U D
V B N M U V G B P W X I N E A T F I
```

Find the words

BEAST	HEAL	BREAK	BREAD
CREAM	LEAST	GREAT	DREAD
DEAL	MEAL	REACH	HEAVEN
EAST	NEAT	SEA	LEAVEN

213

Prefixes

Hint: A Prefix comes in front of a root word.
A Prefix changes the meaning of a root word.
A Prefix plus a root word makes a new word.

(Al)	(A)	(Be)	(En)	(Un)
also	alone	begin	engage	unfurl
always	apart	began	enlarge	unfold
almost	along	become	enjoy	unbend
already	aloud	belong	enlist	unglue
albeit	arose	beside	enjoyment	unhook
	across	behold	enchant	unbraid
	alike	below	enable	uncurl
	about	before	entrust	unhappy
	again	because	enclose	unlock
	adopt	befall	endure	unbutton
	afraid	became	enlarge	unclean
	agree	between	endow	unfair
	another	beware	enrich	unholy
	around	behavior	entity	unsaved
	asleep	besot	entire	until
	awake	behoove	ensure	unto
	awoke	begot	engulf	

214

Word Search

```
X A L O N E P O N A L W A Y S B P X
A A I X O N K Q P Q W R T U K V K Z
H P L W P V N Y A U N B E N D M O H
Q A L R E A D Y F V N X O X O N Z I
E N A B L E H G G M B E L O W A A U
A R E B E G I N P Q H R I I V M I U
Z Q N C Q B H J L Q O E N J O Y L W
R Y J W B E C O M E W R T C Z X A Z
C B E H Y O O X N H X A S L E E P O
A L M O S T L Q O K T U V H P M R W
Z P W R K H S W A R O S E Q D E Q U
C Q X G H I U U K R E A L S O L X L
B W G E B E H O L D P K O W T R U D
A P A R T V G B P W X U N L O C K I
```

Find the words

ALMOST	ALONE	BECOME	ENABLE
ALREADY	APART	BEGIN	ENJOY
ALSO	AROSE	BEHOLD	UNBEND
ALWAYS	ASLEEP	BELOW	UNLOCK

215

Review 7 of the blends on pages 204-214

OULD	OU	VE	C	ARE	PH	EN	ILD	EA
EA	EA	AL	A	BE	EN	UN		

1. could   would   should

2. touch   double   young

3. above   love   forgive

4. city   grace   bicycle

5. mare   share   phone

6. photo   broken   forsaken

7. wild   child   peach

8. reach   break   steak

9. thread   Heaven   also

10. always   apart   arose

11. belong   became   enjoy

12. endure   unfold   unlock

Reading Practice Challenge

The Early Church

More than 500 people saw Jesus after His resurrection from the dead.

Jesus told his disciples,"Go therefore and make disciples of all nations, baptizing them in the name of the Father, and of the Son, and of the Holy Spirit."

Then they saw Him taken up into Heaven!

On the Day of Pentecost the disciples were praying together all in one place. Suddenly a sound like a mighty rushing wind came from Heaven, and Flames of Fire appeared to them and rested over each one of them. They were filled with the Holy Spirit and they all began to speak in foreign languages, as the Spirit gave them.

Then foreigners each heard them speaking in their own native languages: Arab people heard the Arabian language; Egyptians heard Egyptian; Greeks heard Greek; and Romans heard Latin. They were astonished and said, "What can this be?"

Peter stood up and started to preach to everyone, "Let all the house of Israel know with certainty that GOD has made this Jesus whom you crucified, both Lord and Messiah!"

3,000 people repented and were baptized that day!

Then the disciples went out all over: preaching, healing, and performing miracles – All in Jesus' name.

The disciples Peter and John were arrested for preaching, and for healing a lame man – Then 5,000 people repented and were saved! Peter said, "There is salvation in no one else, for there is no other name under Heaven given to people by which we must be saved!"

As they went around preaching the disciples were threatened by authorities for preaching Jesus. They were beaten – jailed – rescued by an angel. They were even rescued by an earthquake in a jail. Then the jailer and his family repented and were saved!

GOD continues to grow His Church Today

Ire   Tire

Say the Words

tire	tireless	rewire	backfire
fire	umpire	attire	empire
mire	entire	desire	retire
dire	tired	require	admire
hire	fireworks	aspire	inquire
sire	required	squire	expire
wire	hellfire	acquire	rehire
spire	quagmire	inspire	satire

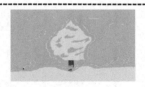

U   Bush

Say the Words

bush	push	pull	bull	full
null	mull	husk	shush	bud
bully	gull	hull	lull	dull
buggy	gush	lush	mush	bun
pulley	hush	tusk	rush	bum

218

Word Search

```
X A W S E O P O D U L L Z V N B P X
A T T I R E K Q P Q W R T U S K K Z
H P L W P V N Y A I N S P I R E O H
Q H I R E L K Q F V N X O X O N Z I
B B W Q M U S H G M B D I R E A A U
A R E E E W P J P Q H R I I V M I U
Z Q N C Q B I N Q U I R E M P I L W
R Y J W B B W H E W W R T C Z X A Z
C B F U L L O X N H X V N G U S H O
G W W J G K L Q O K B U S H P M R W
Z B A C K F I R E C B R W Q D E Q U
C Q X G H U L L K R U S H A J L X L
B W G E E Q R T K P R E T I R E D
E M P I R E G B P W X I N K J P F I
```

Find the words

ATTIRE	HIRE	BUSH	HULL
BACKFIRE	INQUIRE	DULL	MUSH
DIRE	INSPIRE	FULL	RUSH
EMPIRE	RETIRE	GUSH	TUSK

219

Say the Words

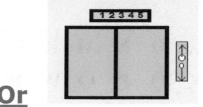

Or   Elevator

Hint: The (O) in (OR) says its long (O) sound

elevator	traitor	belabor
monitor	doctor	sponsor
conductor	sailor	accelerator
instructor	tailor	neighbor
favorite	senator	emperor
Creator	pastor	LORD
warrior	labor	operator
tractor	favor	equator
color	born	nor
actor	cord	horn
visitor	torn	or

War   Reward

reward	warn	warm	ward
award	warned	warning	warfare
warmth	inward	awkward	warns
warmly	onward	steward	dwarf
warts	toward	warrant	forewarn
outward	warrior	coward	swarm
warble	forward	upward	wars

220

Word Search

```
X A R E W A R D N M K F Z W A R S X
A C T O R N K Q P Q W R T U K V K Z
H P L W P V N Y A W A R D X W M O H
Q A N O R L K Q F V N X O X O N Z I
B B W Q I L H G D O C T O R O A A U
B O R N E W P J P Q H R I I V M I U
Z Q N C Q U P W A R D B N M P I L W
R Y J W B B W H E W W R T C Z X A Z
C B E H L O R D N H C O L O R U E O
G W W J G K L Q O R T U V H O R N W
Z D W A R F S W A C B R W Q D E Q U
C Q X G H I U F A V O R L A J L X L
C R E A T O R R T K P K O W T R U D
V B N M U V G B P W A R N K J P F I
```

Find the words

ACTOR	DOCTOR	NOR	UPWARD
BORN	FAVOR	OR	REWARD
CREATOR	HORN	AWARD	WARN
COLOR	LORD	DWARF	WARS

221

Say the Words

Ful   Cupful

Hint: (FUL) is a suffix added to the end of a root word to show that the root word is full.

cupful	dreadful	stressful
plentiful	beautiful	faithful
useful	powerful	grateful
joyful	playful	wishful
careful	peaceful	skillful
restful	unlawful	wonderful
helpful	resentful	flavorful
hopeful	prayerful	frightful
harmful	merciful	regretful
tactful	deceitful	sorrowful
truthful	masterful	forgetful
fearful	graceful	remindful

Tain   Fountain

fountain	captain	maintain
retain	detain	mountain
abstain	attain	tearstain
sustain	certain	sustainer
contain	stain	container
obtain	curtain	bloodstain
plantain	ascertain	entertain
retainer	uncertain	curtained

222

Word Search

```
G R A T E F U L N M K F Z V N B P X
A A T T A I N Q P Q W R E T A I N Z
H P L W P V N P E A C E F U L M O H
Q A A O E N T E R T A I N X O N Z I
B H O P E F U L G F E A R F U L A U
A R E E E W P J P Q H R I I V M I U
F A I T H F U L L Q O B T A I N L W
R Y J W B B B E A U T I F U L X A Z
C B E T R U T H F U L V N M U U E O
G W W J G K L Q O K T U V H P M R W
Z S T A I N S W A C U P F U L E Q U
C O N T A I N U K D E T A I N L X L
B W G E E E Q R T K P K O W T R U D
V B N M O U N T A I N I N K J P F I
```

Find the words

BEAUTIFUL	HOPEFUL	ATTAIN	MOUNTAIN
CUPFUL	GRATEFUL	CONTAIN	OBTAIN
FAITHFUL	PEACEFUL	DETAIN	RETAIN
FEARFUL	TRUTHFUL	ENTERTAIN	STAIN

223

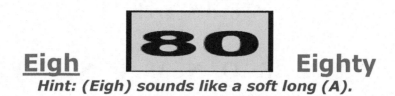

Eigh   **Eighty**

Hint: (Eigh) sounds like a soft long (A).

Say the Words

neighborhood	**eightfold**	**eighty**
lightweight	weightless	eight
airfreight	**eighteen**	**eighth**
inveighs	weighing	neigh
heavyweight	**eighths**	**inveigh**
bobsleigh	weighty	neighs
reweigh	**neighbor**	**weigh**
eighties	weight	sleigh

Y   **Bicycle**

Hint: When (Y) is in the middle of a word it says the short (I) sound

Say the Words

bicycle	**crystal**	**syllable**
rhythm	tricycle	mystery
oxygen	**syrup**	**system**
typical	cymbal	symbol
cygnet	**Egypt**	**physics**
symptom	hymn	lyric
symphony	**gypsy**	**physical**

224

Word Search

```
B I C Y C L E O N M I N V E I G H X
A A I X O N E I G H B O R U K V K Z
G Y P S Y V N Y A U N V G X W M O H
Q A A O E G Y P T V C R Y S T A L I
B B W Q I L H G G M B J I N O A A U
R E W E I G H J P Q H R I I V M I U
Z Q N E I G H T L Q O B N M P I L W
R Y J W B B W H E W W E I G H T A Z
C B E I Y O O X Y G E N N M U U E O
L Y R I C K L Q O K T U H Y M N R W
Z P W R K H S Y R U P R W Q D E Q U
C Q S Y S T E M K R E R L A J L X L
B W G E E E Q R T Y P I C A L R U D
V B N M Y S T E R Y X I N K J P F I
```

Find the words

EIGHT	WEIGHT	GYPSY	OXYGEN
INVEIGH	BICYCLE	HYMN	SYRUP
NEIGHBOR	CRYSTAL	LYRIC	SYSTEM
REWEIGH	EGYPT	MYSTERY	TYPICAL

225

1+1=5

Err   Error

Hint: (Err) says the "air" sound.

error	strawberry	territory
cherry	ferryboat	berry
merry	merriment	errant
errand	blueberry	terrier
terra	strawberry	ferret
ferry	blackberry	merrier
herring	inerrancy	mulberry
errors	ferrying	inerrant
terrace	merriness	berries

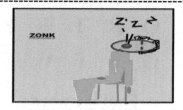

Onk   Zonk

zonk	honk	conk
monk	conks	wonk
donkey	monkey	zonked
honked	conked	
monkfish	monkeyshine	

226

Word Search

```
F E R R E T P O N M K F H O N K P X
A A M U L B E R R Y W R T E R R A Z
H P L W P V N Y A U N V G X W M O H
Q A C O N K K Q F V N M E R R Y Z I
B B W D O N K E Y M B J I N O A A U
A R E E W P J P Q H R I I V M I U
E R R A N D H J L Q O B E R R Y L W
R Y J W B B M O N K E Y T C Z X A Z
C B E H Y O O M E R R I E R U U E O
G W E R R O R Q O K T U V H P M R W
Z H E R R I N G A C H E R R Y E Q U
C Q X G H I U U K R E R L A J L X L
B W G E E E Q R T F E R R Y T R U D
Z O N K U V G B P W X I N K J P F I
```

Find the words

BERRY   FERRET   MERRY   DONKEY
CHERRY   FERRY   MULBERRY   HONK
ERRAND   HERRING   TERRA   MONKEY
ERROR   MERRIER   CONK   ZONK

227

Say the Words

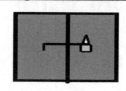

Ure   Secure

secure	**treasure**	**pleasure**
pure	pressure	exposure
seizure	**endure**	**leisure**
cure	disclosure	fixture
azure	**obscure**	**procure**
assure	figure	tenure
lure	**ensure**	**perjure**
sure	impure	demure
insure	**manure**	**censure**
injure	failure	conjure

Ture   Picture

picture	**rapture**	**fracture**
creature	juncture	future
structure	**signature**	**nature**
miniature	adventure	scripture
posture	**gesture**	**capture**
nurture	legislature	mature
pasture	**furniture**	**culture**
feature	puncture	venture
vulture	**agriculture**	**vesture**
mixture	manufacture	fixture

228

Word Search

```
X D E M U R E O N E N D U R E B P X
A A I X O N K Q P Q N A T U R E K Z
H P L U R E N Y A U N V G X W M O H
Q A A O Y L K Q F I G U R E O N Z I
B B W Q I N S U R E B J I N O A A U
A R E E E W P J P Q H P U R E M I U
Z Q N C U R E J L F U T U R E I L W
R Y J W B F I X T U R E T C Z X A Z
C B E H Y O O X N H X V N S U R E O
G W W J G K I G P R E U V H P M R W
Z P W R A P T U R E B R W Q D E Q U
C A Z U R E U U K R E S E C U R E L
B W G E E E Q P I C T U R E T R U D
V B N P L E A S U R E I N K J P F I
```

Find the words

AZURE	FIGURE	PURE	NATURE
CURE	FIXTURE	PLEASURE	PICTURE
DEMURE	INSURE	SECURE	FUTURE
ENDURE	LURE	SURE	RAPTURE

229

Tion Nation

Hints: (tion) Sounds like (shun)

nation	organization	vacation
ambition	position	creation
affection	relation	motion
operation	translation	vocation
situation	education	pollution
station	reaction	action
lotion	imagination	question
recreation	information	formation
caution	revolution	fiction
solution	construction	attraction

Sion Admission

Hint: (sion) sounds like (shun)

admission	missionary	mission
discussion	concussion	illusion
permission	readmission	missions
conclusion	explosion	invasion

Sion Television

Hint: (sion) sounds like (sjun)

television	vision	decision	adhesion
persuasion	revision	collision	division
provision	erosion	intrusion	profusion

230

Word Search

```
E R O S I O N O N M I S S I O N P X
A Q U E S T I O N Q W R T U K V K Z
H P L W D E C I S I O N G X W M O H
Q A A O Y L K P O S I T I O N N Z I
B B W Q I L H G M O T I O N A A U
A R E E E W P J I L L U S I O N I U
Z Q N A T I O N L Q O B N M P I L W
R Y J W A C T I O N W R T C Z X A Z
C B E H Y O O X N H X L O T I O N O
R E L A T I O N O K T U V H P M R W
Z P W R K H S W A C A U T I O N Q U
C Q X G H I U A D M I S S I O N X L
B F I C T I O N T K P K V I S I O N
V A C A T I O N P W X I N K J P F I
```

Find the words

ACTION   MOTION   RELATION   MISSION
CAUTION   NATION   VACATION   DECISION
FICTION   QUESTION   ADMISSION   EROSION
LOTION   POSITION   ILLUSION   VISION

231

Say the Words

Ough   Rough

rough	rougher	roughest
tough	tougher	toughest
drought	doughnut	through
cough	enough	bough
bought	thorough	though

Arr   Carrot

carrot	arrogant	arrive
carry	sparrow	Larry
arrest	arrowhead	Barry
parrot	arrangement	Harry
marry	arrogance	carrots
arrows	arrange	parrots
arrivals	arresting	marries

Say the sight words: beauty beautiful their

232

Word Search

```
X  T  O  U  G  H  P  O  N  M  K  F  Z  V  N  B  P  X
A  A  I  X  O  N  A  R  R  O  G  A  N  T  K  V  K  Z
H  P  L  W  P  V  N  Y  A  R  R  E  S  T  W  M  O  H
Q  A  L  A  R  R  Y  Q  F  V  N  X  O  X  O  N  Z  I
B  B  W  Q  I  L  H  G  R  O  U  G  H  N  O  A  A  U
A  R  R  I  V  E  P  J  P  Q  H  R  I  I  V  M  I  U
Z  Q  N  C  Q  B  H  J  L  Q  O  H  A  R  R  Y  L  W
R  Y  J  W  B  O  U  G  H  T  W  R  T  C  Z  X  A  Z
C  A  R  R  O  T  O  X  N  H  X  C  A  R  R  Y  E  O
G  W  W  J  G  K  L  Q  P  A  R  R  O  T  P  M  R  W
M  A  R  R  Y  H  S  W  A  C  O  U  G  H  D  E  Q  U
C  Q  X  G  H  I  S  P  A  R  R  O  W  A  J  L  X  L
B  W  G  E  N  O  U  G  H  K  P  K  O  W  T  R  U  D
V  B  N  M  U  V  G  B  P  W  A  R  R  O  W  P  F  I
```

Find the words

BOUGHT	**TOUGH**	**ARROGANT**	**LARRY**
COUGH	**ARREST**	**CARROT**	**MARRY**
ENOUGH	**ARRIVE**	**CARRY**	**PARROT**
ROUGH	**ARROW**	**HARRY**	**SPARROW**

233

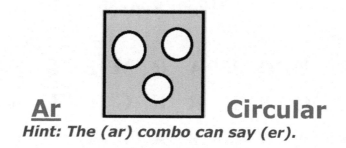

Ar Circular

Hint: The (ar) combo can say (er).

Say the Words

circular	cheddar
angular	grammar
dollar	cougar
polar	burglar
molar	particular
collar	lunar
altar	vicar
briar	cellar
nectar	popular
solar	regular

Word Search

```
X  A  C  H  E  D  D  A  R  M  K  F  Z  V  N  B  P  X
A  A  I  X  O  N  K  R  E  G  U  L  A  R  K  V  K  Z
C  O  U  G  A  R  N  Y  A  U  C  O  L  L  A  R  O  H
Q  A  A  O  Y  L  K  Q  F  P  O  P  U  L  A  R  Z  I
B  B  U  R  G  L  A  R  G  M  B  J  I  N  O  A  A  U
A  R  E  E  E  W  P  J  P  L  U  N  A  R  V  M  I  U
Z  M  O  L  A  R  H  J  L  Q  O  B  N  M  P  I  L  W
R  Y  J  W  B  B  W  H  E  C  E  L  L  A  R  X  A  Z
D  O  L  L  A  R  O  X  N  H  X  V  N  M  U  U  E  O
G  W  W  J  G  K  L  P  O  L  A  R  V  H  P  M  R  W
Z  P  W  R  K  H  S  W  A  C  B  R  I  A  R  E  Q  U
C  Q  X  A  L  T  A  R  K  R  E  R  L  A  J  L  X  L
B  W  G  E  E  Q  R  T  K  P  S  O  L  A  R  U  D
V  I  C  A  R  V  G  B  N  E  C  T  A  R  J  P  F  I
```

Find the words

ALTAR	CHEDDAR	LUNAR	POPULAR
BRIAR	COLLAR	MOLAR	REGULAR
BURGLAR	COUGAR	NECTAR	SOLAR
CELLAR	DOLLAR	POLAR	VICAR

235

Review 8 of the blends on pages 218-234

IRE U	OR	WAR	FUL	TAIN	EIGH	Y	ERR	ONK
URE	TURE	TION	SION	SION	OUGH		ARR	AR

1. tire   umpire   bush

2. dull   LORD   favor

3. warn   steward   useful

4. wonderful   mountain   stain

5. weigh   bobsleigh   crystal

6. crypt   berry   merry

7. honk   donkey   pure

8. secure   rapture   future

9. vacation   creation   mission

10. conclusion   vision   decision

11. enough   doughnut   arrow

12. arrive   burglar   circular

Reading Practice Challenge

How To Be Saved

* We cannot have eternal life in Heaven without the forgiveness of GOD.

* GOD is loving and just – it is who He is.

* His judgment is against SIN.

* Because we all are weak, every person is a sinner.

* We owe a debt to GOD for our sin. We cannot pay that debt ourselves. (Live a perfect sinless life)

* The payment for that debt is death. (Eternal punishment in Hell Forever)

* Jesus, God the Son, born of a virgin, lived a sinless life perfectly.

* Jesus paid the debt for all the world by His death on the cross.

* Jesus was buried and 3 days later arose victorious over sin and death, ALIVE!

* Jesus ascended to GOD in Heaven.

* Jesus promised to live in us, and through us; and to come back to rule!

* Forgiveness is available for ALL. (Eternal life in Heaven with GOD and Jesus)

* We can do nothing to earn salvation by ourselves.

* Salvation is the GIFT of GOD (accept the FREE Gift – Trust Jesus)

* Turn from yourself and from sin.

Salvation is as simple as ABC

A--- Admit you are a helpless sinner (Repent/turn from your sin)

B --- Believe that Jesus is who He said He is ---
God the Son – Our Savior

C --- Confess with your mouth (tell someone)
that you have accepted Jesus as your LORD and Savior

237

Strange words list:
In English there are words that don't follow the phonics rules; the following are some

**Words that sound alike but are spelled differently
AND words that are spelled alike but sound differently**

so   --- sew --- sow   sow --a female pig

red --- read   read --- reed

right --- write ---wright   wear --- ware

pray --- prey   lain --- lane

blue --- blew   beach --- beech

led --- lead (short e sound) lead (long e sound)

tare --- tear   tear (long e sound)

wind (short I sound)   wind (long I sound)

to --- too--- two   sell --- cell

flower --- flour   by --- bye --- buy

loan --- lone   pair --- pear --- pare

arc --- ark   plane --- plain

ate --- eight   bail --- bale

mail --- male   be --- bee

bear --- bare   bow(long o) --- bow(ow)

made --- maid   ball --- bawl

doze --- does (long o sound) does (Uh sound)

238

Contractions:

When two words are joined together to make one new word that means the same thing-- some of the letters are left out and an (')is used in their place.

This is called a contraction word

I am   = I'm

she is = she's

we would = we'd

we are = we're

should not = shouldn't

should have = should've

is not = isn't

she would = she'd

you would = you'd

I would = I'd

would have = would've

did not = didn't

she will = she'll

he is = he's

they are = they're

they would = they'd

could not = couldn't

did not = didn't

are not = aren't

might have = might've

he would = he'd

you have = you've

would not = wouldn't

can not = can't

they will = they'll

he will = he'll

239

Compound Words

**Compound words are when two or more words
are joined together to form a new word.**

air + field = airfield   **foot + ball = football**

baseball	basketball
airplane	ballpark
midshipman	quarterback
together	become
crosswalk	sunflower
skateboard	anybody
southeast	birthday
motorboat	peanut
hamburger	afternoon
anytime	worldwide
freelance	jigsaw
showoff	sunset
myself	anymore
grandmother	seaside
bookshelf	dishwasher
haircut	cowgirl

240

<u>Sight words list:</u>

Sight words are words that may or may not follow the Phonics Rules

a all am and any are as at ate away

be beautiful beauty big black blue broad brown but

came can come did do does don't down

eat find for four funny get give go good

had have he help her here him his

I in into is it jump like little live look loved

make many me must my new no not now

O' of once one only our out play please pretty

ran red ride run said saw say says see she

so some soon sure that the their then there

they this three to too truth two under up

want was we well went were what where

white who will with yellow yes you

241

Phonics Rules

1. Always read from left to right.

2. **Over half of all English words have short vowel sounds.**

3. Sight words are words that don't follow phonics rules.

4. **When a word has only one vowel it usually says its short sound.**

5. K comes before i and e.

6. **C comes before a, o, or u.**

7. S can make the "s" or the "z" sound.

8. **Q is usually followed by u in a word.**

9. X makes the "ks" sound when it comes at the end of a word. (But not when it comes at the front of a word.)

10. **A long vowel says its name.**

11. When a word has 2 vowels, the first vowel usually says its name, while the second vowel is silent.

12. **Ke usually comes after a long vowel sound.**

13. Ck usually comes after a short vowel sound.

14. **Adding S to the end of a word makes the word plural (mean more than one).**

15. Short words ending in e, o, or y usually say the long vowel sound. (Some exceptions are: do and to.)

242

16. **Ou is usually in the middle of a word.**

17. **Ow is usually at the end of a word or before (n or l).**

18. **Oi is usually found in the middle of a word.**

19. **Oy is usually at the end of a word.**

20. **A suffix is added to the end of a word to make a new word.**

21. **A prefix is added to the front of a word to make a new word. (a, al, be, en, un, are some prefixes.)**

22. **Y at the end of a word usually says the long e sound.** Note: Sometimes Y acts as a vowel: as in gypsy.

23. **A contraction is when 2 or more words are put together to make a new word, and letters are left out of the new word. (') is put in place of the missing letters.   Examples**
    I am = I'm   he is = he's   she is = she's
    they are = they're   we are = we're

24. **Ed after a (t) or (d) at the end of a word says (ĕd).**

25. **Ed at the end of a word can also say (t) or (d).**

26. **Tch is usually after a short vowel.**

27. **The b in mb is silent.**

28. **When wh is followed by O the W is silent.**

29. **When the word I is used either alone or in a contraction it is always capitalized.**

243

30. **A root word ending with a single consonant that has a short sounding vowel... first double the consonant before adding a suffix (ending) that begins with a vowel.**

    For example when adding (y):
    pup + py = puppy   hap + py = happy

31. **A root word ending with a silent (e) usually drops the (e) before adding a suffix that begins with a vowel.**

32. **C says "S" when (e, i, or y) comes after it.**

33. **The D in dge is silent.**

34. **G says "J" when (e, i, or y) follows it.**

35. **The second consonant of a double consonant is silent. (For example: bb says b).**

36. **The K in kn is silent.**

37. **The G in gn is silent.**

38. **The W in wr is silent.**

39. **Words with more than one vowel can be divided into smaller parts called syllables. Each syllable of a word contains at least one vowel, or a combination of vowel/vowels and consonants.**
    Example:
    Consonant........ Con/so/nant
    Silent....... Si/lent

Answer Key to Word Search Pages

Page 10

```
U  R  A  M  F  G  M  A  P  X  Q  E  E  Y  L  S  A  T
B  H  I  H  H  P  G  R  U  U  O  E  G  A  D  J  L  Z
X  C  A  P  P  S  W  Q  H  A  S  F  Z  X  T  O  Q  U
B  N  M  Y  G  T  P  P  O  J  I  O  X  L  M  A  D  K
D  H  G  D  A  D  L  R  C  A  B  J  P  L  H  O  L  Q
C  X  N  N  O  T  X  K  J  F  D  E  Y  Q  L  G  K  P
I  K  X  R  X  P  C  R  A  G  Y  G  G  H  A  N  D  J
J  Z  F  A  N  B  X  X  A  Y  L  D  B  E  I  I  I  Q
Y  K  P  A  A  R  P  D  A  N  H  M  R  R  A  N  O  O
G  W  X  V  Q  T  T  B  B  J  T  L  U  Y  F  E  O  X
M  A  N  B  T  X  W  B  A  S  R  D  X  Y  C  A  T  P
S  I  E  P  I  T  D  P  Q  P  T  X  W  R  N  K  X  P
G  Q  A  D  A  M  Y  R  X  B  A  D  P  C  M  R  Q  D
K  R  S  A  O  O  W  V  P  I  O  X  T  A  G  K  A  V
```

Page 12

```
T  U  O  O  F  E  L  L  P  X  Q  E  E  Y  L  F  E  D
B  H  E  N  H  P  G  R  E  D  O  E  J  N  E  T  L  Z
X  Q  T  Y  P  S  W  Q  R  P  Q  F  Z  X  T  O  Q  U
B  B  E  D  G  T  P  P  O  J  B  E  L  L  V  A  A  K
D  H  G  P  W  R  L  R  Y  W  X  L  E  G  H  O  L  Q
C  X  N  N  O  T  E  N  J  F  D  E  Y  Q  L  G  K  P
I  K  X  B  E  G  C  Q  M  E  N  G  G  L  P  E  T  J
J  Z  J  L  L  B  X  X  A  Y  L  D  B  E  I  I  I  Q
Y  K  H  E  L  L  P  P  K  L  H  M  R  Z  G  E  T  P
G  W  X  V  Q  T  T  B  W  E  D  L  U  M  E  S  S  X
K  H  V  B  T  X  W  B  J  Y  R  D  X  Y  P  O  Q  P
S  I  E  G  G  T  D  P  Q  P  T  X  W  E  T  K  X  P
G  Q  M  I  L  P  Y  R  T  E  L  L  P  C  M  R  Q  D
K  R  L  E  S  S  W  V  P  I  O  X  R  R  N  K  A  V
```

Answer Key to Word Search Pages

Page 14

```
H  I  D  O  Y  P  K  K  P  H  I  S  E  Y  L  I  U  L
B  H  F  I  N  P  G  M  X  K  O  E  G  I  V  E  L  Z
X  Q  T  Y  P  S  W  Q  R  I  B  F  Z  X  T  O  Q  U
B  W  I  L  L  T  P  P  O  J  D  W  Y  D  P  I  T  K
D  H  P  I  G  R  L  R  F  I  X  T  L  L  H  O  L  Q
C  X  N  N  O  W  P  M  J  F  D  E  Y  K  I  L  L  P
F  I  G  A  Q  M  C  Q  T  I  M  G  G  L  P  P  P  J
J  Z  J  L  L  B  I  S  A  Y  D  I  P  E  I  I  I  Q
Y  K  P  R  W  N  P  P  K  L  H  M  R  Z  Q  W  I  N
G  W  B  I  L  L  T  B  V  S  I  N  U  Y  M  A  L  X
K  H  V  B  T  X  W  B  J  Y  R  D  B  I  G  O  Q  P
S  I  Q  G  L  T  D  P  Q  P  T  X  E  Q  K  K  X  P
G  D  I  D  L  P  Y  R  J  W  Q  K  P  C  M  R  Q  D
K  R  L  N  U  U  W  D  I  M  O  X  R  R  N  K  A  V
```

Page 16

```
X  N  B  O  D  D  K  K  P  A  O  Q  E  Y  L  R  O  B
B  H  I  I  R  P  G  M  N  O  T  E  H  M  V  Z  L  Z
G  O  T  Y  P  S  W  Q  P  U  U  F  S  T  O  P  Q  U
B  R  X  A  L  T  P  G  O  D  D  W  Y  D  W  P  Y  K
D  H  Y  A  V  R  L  R  K  L  H  T  L  L  L  O  T  Q
C  X  M  O  M  W  P  M  J  F  D  O  L  L  L  O  T  P
V  Q  X  A  Q  M  R  O  T  K  P  G  G  L  P  P  P  J
J  Z  J  L  L  B  Y  H  A  Y  T  O  P  E  I  I  I  Q
Y  K  P  D  O  G  P  P  K  L  H  M  R  Z  P  O  P  L
G  W  C  B  C  C  R  O  C  K  W  I  U  Y  M  A  L  X
K  H  V  B  T  X  L  O  S  S  R  D  L  O  G  O  Q  P
S  I  J  O  B  T  D  P  Q  P  T  X  E  Q  K  K  X  P
G  P  N  M  L  P  Y  R  J  W  Q  K  P  C  H  O  P  D
K  R  O  D  U  L  O  C  K  B  O  X  R  R  N  K  A  V
```

246

Answer Key to Word Search Pages

Page 18

```
X  N  C  U  T  D  K  K  P  K  O  Q  W  Y  U  P  Y  X
Q  H  I  I  S  C  U  B  L  J  D  E  H  M  U  G  K  Z
X  X  H  Y  P  S  W  Q  R  U  U  Y  A  T  Y  Q  K  U
K  F  U  N  Q  S  P  A  O  K  D  W  B  U  G  P  Y  R
E  H  R  E  S  U  N  F  R  N  T  Y  L  E  E  H  L  U
C  X  Q  R  Y  W  P  M  J  F  P  L  S  D  C  U  D  U
Q  M  U  D  Q  M  S  U  P  K  P  G  G  L  U  P  P  U
R  T  J  L  L  B  W  H  A  A  K  H  D  U  G  I  I  Q
B  U  S  Y  K  B  P  K  R  U  N  Q  R  Z  E  E  E  O
G  W  C  M  U  T  T  G  P  M  W  I  U  Y  G  U  M  H
W  R  V  M  T  X  S  W  P  Y  R  D  I  O  O  O  Q  U
S  U  B  C  P  T  D  P  Q  P  T  X  E  V  U  K  X  L
G  P  N  M  U  S  Y  R  J  W  Q  K  P  C  U  P  Z  D
J  N  U  T  U  V  B  T  U  B  X  X  R  R  N  K  A  V
```

Page 22

```
X  N  Q  C  B  U  N  K  P  K  O  B  E  D  M  D  Y  X
B  A  S  S  S  N  K  B  E  G  D  E  H  G  O  R  K  Z
X  X  H  Y  P  S  W  Q  R  U  U  B  O  S  S  Q  K  U
B  A  T  O  Q  S  P  A  O  K  D  W  M  L  X  P  Y  R
E  H  R  E  G  L  B  E  L  L  T  Y  L  E  E  H  L  U
C  B  I  D  Y  W  P  M  J  F  P  B  I  G  K  Y  P  U
Q  I  X  C  Q  B  U  T  K  K  P  G  B  A  G  L  P  U
R  T  J  L  L  B  W  H  B  U  S  H  M  H  R  I  I  Q
B  I  N  Y  K  B  I  T  G  R  Q  Q  R  Z  E  E  E  O
G  W  C  N  B  B  M  G  P  M  W  I  U  Y  B  U  G  H
W  R  V  M  T  X  S  W  B  I  L  L  I  O  O  O  Q  U
B  I  B  C  P  T  D  P  Q  P  T  X  B  U  L  L  X  L
G  P  N  M  B  A  D  R  J  W  Q  K  P  N  U  U  Z  D
J  G  K  M  U  V  B  N  X  W  X  X  B  E  T  K  A  V
```

247

Answer Key to Word Search Pages

Page 24

```
X  N  Q  C  A  N  P  K  P  K  O  C  O  P  M  D  Y  X
Q  O  R  R  S  N  K  Q  C  A  P  E  H  G  O  R  K  Z
X  C  O  T  P  S  W  Q  R  U  U  A  C  U  B  Q  K  U
Q  A  A  O  Q  S  P  A  O  K  D  W  M  L  C  U  L  L
E  H  R  E  G  L  H  G  G  C  U  D  L  E  E  H  L  U
C  A  R  G  Y  W  P  M  J  F  P  O  Q  I  K  Y  P  U
Q  I  X  C  Q  C  U  P  K  C  A  D  P  P  C  A  L  L
R  T  J  L  L  B  W  H  M  N  O  H  M  C  A  T  I  Q
T  H  E  Y  K  O  O  O  G  C  O  N  R  Z  E  E  E  O
G  W  C  N  B  B  M  G  P  M  W  I  U  Y  M  N  E  H
C  A  B  M  T  X  S  W  M  V  W  C  U  F  F  O  Q  U
C  Q  X  C  P  T  D  C  O  G  T  X  L  J  H  K  X  L
G  P  N  M  V  T  O  R  J  W  Q  K  P  C  U  T  Z  D
C  O  D  M  U  V  C  O  B  W  X  X  M  A  A  K  A  V
```

Page 26

```
X  N  Q  N  M  M  P  D  A  N  O  K  Z  W  M  D  Y  X
Q  O  D  A  D  N  K  Q  B  N  V  E  H  D  U  B  K  Z
X  C  C  C  P  S  W  Q  R  U  U  A  K  X  W  Q  K  U
Q  A  A  O  Q  S  D  E  N  K  D  W  M  L  M  L  O  I
D  I  P  E  G  L  H  G  G  B  U  U  L  E  D  U  D  U
N  E  Q  G  Y  W  P  M  J  F  D  I  D  I  K  Y  P  U
Q  I  X  C  Q  B  E  D  K  Q  O  O  P  P  K  D  I  N
R  T  J  L  L  B  W  H  M  N  O  H  D  O  N  L  I  Q
D  O  C  Y  K  O  A  D  D  Q  A  A  R  Z  E  E  E  O
G  W  C  N  B  B  M  G  P  M  W  I  U  Y  M  D  U  G
Z  D  O  G  T  X  S  W  D  O  L  L  G  X  K  O  Q  U
C  Q  X  D  I  M  D  C  H  H  T  X  L  J  H  K  X  L
A  D  N  M  V  T  O  R  J  W  Q  K  D  E  B  I  Z  D
Y  Y  M  M  U  V  D  I  G  W  X  X  M  A  A  D  O  T
```

Answer Key to Word Search Pages

Page 30

```
X  N  Q  F  A  T  P  O  U  U  O  K  Z  F  I  L  L  X
F  A  X  X  O  N  K  Q  B  N  V  E  H  M  K  V  K  Z
X  C  C  C  P  S  W  Q  R  U  F  A  N  X  W  Q  K  U
Q  A  A  O  F  I  B  D  J  K  D  W  M  L  M  L  O  I
B  B  H  E  G  L  H  G  G  B  U  U  F  I  N  A  A  U
F  E  B  G  Y  W  P  M  J  F  B  E  I  I  K  Y  P  U
Q  I  X  C  Q  F  I  T  K  Q  O  F  E  D  K  B  Q  W
R  T  J  L  L  B  W  H  M  N  O  F  A  L  L  L  I  Q
C  B  F  A  D  O  O  J  F  O  B  A  R  Z  E  E  E  O
G  W  C  N  B  B  M  G  P  M  W  I  U  Y  M  O  F  F
Z  V  X  F  I  G  S  W  A  C  B  F  O  G  K  O  Q  U
C  Q  X  G  H  F  E  L  L  H  T  X  L  J  H  K  X  L
B  F  U  L  L  T  O  R  J  W  Q  K  O  P  F  U  N  D
F  A  B  M  U  V  B  R  R  W  X  F  I  X  A  J  F  I
```

Page 32

```
X  N  Q  G  A  B  P  O  U  U  O  K  Z  V  N  B  P  X
A  A  I  X  O  N  K  Q  G  A  D  E  H  M  K  V  K  Z
G  I  L  L  P  S  W  Q  R  U  N  V  G  X  W  G  O  G
Q  A  A  O  B  T  D  D  J  K  G  U  M  L  M  L  O  I
B  B  G  U  T  L  H  G  G  B  U  U  M  N  O  A  A  U
A  R  I  G  Y  W  P  M  J  G  A  G  I  I  K  Y  P  U
G  I  G  C  Q  B  G  A  P  Q  O  B  V  N  G  O  B  W
R  T  J  L  L  B  W  H  M  N  O  M  G  U  L  L  Q
C  B  G  O  T  O  O  J  N  G  G  A  R  Z  E  E  E  O
G  W  C  N  B  B  M  G  U  N  W  I  U  Y  M  M  R  W
Z  V  G  A  S  H  S  W  A  C  B  N  M  G  U  S  Q  U
C  Q  X  G  H  I  J  C  C  G  O  D  L  J  H  K  X  L
B  W  G  E  M  T  O  R  J  W  Q  K  O  G  E  T  U  D
X  C  V  M  U  V  G  I  N  W  X  I  N  M  A  J  F  I
```

Answer Key to Word Search Pages

Page 34

```
X  H  O  T  X  C  P  O  U  U  O  K  Z  H  I  T  P  X
A  A  I  X  O  N  H  E  N  Q  R  E  H  M  K  V  K  Z
U  N  P  D  H  I  S  Q  R  U  N  V  G  X  H  E  M  X
Q  H  O  G  B  T  D  D  J  K  H  I  L  L  M  L  O  I
B  B  S  T  U  L  H  I  M  B  U  U  M  H  A  M  A  U
A  R  I  G  Y  W  P  M  J  B  R  Q  I  I  K  Y  P  U
W  C  G  C  H  E  L  L  K  Q  O  B  V  N  J  L  M  W
R  T  J  L  L  B  W  H  M  N  O  N  M  T  H  O  P  Q
H  U  M  S  C  O  O  J  N  G  Y  H  A  L  L  E  E  O
G  W  C  N  B  H  A  G  Y  W  W  I  U  H  I  P  R  W
Z  H  U  G  T  H  S  W  A  C  B  N  M  A  A  A  Q  U
C  Q  X  G  H  I  J  C  H  A  S  Q  L  J  H  H  A  T
B  W  W  B  B  H  A  D  J  W  Q  K  O  M  K  Y  U  D
X  C  V  M  U  V  T  P  P  W  X  I  N  H  I  D  F  I
```

Page 38

```
X  J  E  F  F  X  P  O  J  A  Z  Z  Z  V  N  B  P  X
A  A  I  X  O  N  K  Q  P  Q  V  E  H  M  K  V  K  Z
J  E  B  W  P  J  U  T  R  U  N  V  G  X  W  J  O  T
Q  A  A  O  B  T  J  E  L  L  M  O  U  L  M  L  O  I
B  B  W  Q  I  L  H  G  G  J  I  L  L  N  O  A  A  U
A  J  I  G  Y  W  P  M  J  H  U  R  I  I  J  E  T  U
Z  Q  N  C  Q  B  H  J  L  Q  O  B  J  A  N  Y  J  W
R  T  J  O  B  B  W  H  M  N  O  N  M  X  W  Y  O  Q
C  B  E  H  Y  O  O  J  A  B  X  V  N  J  I  B  E  O
G  W  C  N  B  B  M  Q  O  K  W  I  J  U  G  M  R  W
Z  J  I  F  F  H  S  W  A  C  B  N  M  T  H  L  Q  U
C  Q  X  G  H  I  J  O  G  R  E  R  L  J  U  D  X  L
B  W  L  W  Z  T  O  R  J  A  R  K  O  I  U  O  U  D
J  I  M  M  U  V  G  B  P  W  X  I  N  J  A  M  F  I
```

Answer Key to Word Search Pages

Page 40

```
X K A Y N X P O N M K F Z V N B P X
A A I X O N K Q P Q V E H M K V K Z
H P L W P V N Y R U N V G X W M O H
Q A A O K E N N N L M O U L M L O I
B B W Q I L H G G M B J I N O A A U
A K I M Y W P K I L L R I I V M I U
Z Q N C Q B H J L Q O B N M K E G W
R K I T B B W H M N O N M X W Y O Q
C B E H Y O O X N H X V N M U U E O
G W C N K I N Q O K K I D H P M R W
Z P W R K H S W A C B N M T H L Q U
C Q X G H I U U K R E R L A J L X I
B W K A R E N R T K P K K I S S U D
V B N M U V G B P W X I N K J P F I
```

Page 42

```
X T T A N X L I D M K F L I Z B P X
A A I X O N K Q P Q V E H M K V K Z
H P L I P V N Y R U N V L E D M O H
Q A A O T K J N N L A G U L M L O I
B B W Q I L H G G M B J I N L O G U
A F F S L O T F Y P O R I I V M I U
Z Q N C Q B H J L Q O B L A S S F W
R R U U B B W H M N O N M X W Y O Q
C L E T Y O O X L A B V N M U U E O
G W C N V X Z Q O K G I I H L A D W
Z P W R L E S S A C B N M T H L Q U
C Q L A P I U U K R E R L A J L X L
B W X I J F H R L E G K M J J L U D
L O S S U V G B P W X I N K L U G I
```

Answer Key to Word Search Pages

Page   46

X D J B N X P O N M A S S V N B P X
M A T X O N K M O B V E H M I X K Z
H P M A P V N Y R U N V G X W M O H
Q A A O M E S S N L M O P Q M L O I
B B W Q I L H G G M B J I M E T A U
A M O S S W P U M I S S I I V M I U
Z Q N C Q B H J L Q O B N M I T T W
R Q H T B B W H M E N N M X W Y O Q
C B E M A N O X N H X V M M M I D O
G W C N H Q O Q O M A L L H P M R W
Z M O G K H S W A C B N M T H L Q U
C Q X G M I L L K R E R L A J M A D
B W G F M U D R T K P K H O K W U D
V B N M U V G B P W X I N M E G F I

Page 48

X E W S N O T O N M K F Z V N E T X
A A I X O N K Q P Q V E H M K V K Z
H P N A P V N Y R U N V G X W N O D
Q A A O F G R N N L N I L L M L O I
B B W Q N E D G G M B J I N O A A U
A W C D Y W P Q N A G R I I V M I U
Z Q N U L L H J L Q O B N M P N O R
R I O O B B W H M N O N I P W Y O Q
C S H o Y O O X N H X V N M U U E O
G W C N D Y L Q O K N J S N U T R W
Z P W R N E L L A C B N M T H L Q U
C Q X G H I U U K R E R N A N L X L
B W C K Y H K R T N A B J M K O U D
V B N U B V G B P W X I N K J P F I

252

Answer Key to Word Search Pages

Page 50

```
X W U L N X P I N M K F Z V N B P X
A P I G O N K Q P Q P E N M K V K Z
H P L W P O P Y R U N V G P I L L H
Q A A O E O K N N L M O U L M L O I
B B P O D L H G G M B J I P O T A U
A C G L Y W P U L L J R I I V M I U
P U N C Q B H J L Q O B N P A D L W
R F D G B B W H P A T N M X W Y O Q
C P A L Y O O X N H X V N M U U E O
G W C N P A S S O K G Q K H P I T W
Z P E G K H S P A N B N M T H L Q U
C Q X G H I U U K R E R P E P L X L
B W P U F F B R T K P K D A J P U P
V B N M U V G B P E T I N K J P F I
```

Page 54

```
X Q U O T E P O N M K F Z V N B P X
A A I X O N K Q P Q U E E N K V K Z
H P L W P V N Y R U N V G X W M O H
Q A A O Y L K Q U I C K Q U I C K I
B B W Q I L H G G M B J I N O A A U
A Q U I T W P J P Q H R I I V M I U
Z Q N C Q B H J L Q O B N M P I L W
R Y J W B B W H Q U A C K Q U A C K
C B E H Y O O X N H X V N M U U E O
G W Q U I L L Q O K T U V H P M R W
Z P W R K H S W A C B Q U I C K Q U
C Q X G H I U U K R E R L A J L X L
B W Q U A C K R T K P K Q U I Z U D
V B N M U V G B P W X I N K J P F I
```

Answer Key to Word Search Pages

Page 56

```
X  K  Q  H  N  X  R  I  D  M  K  F  R  A  P  B  P  X
A  A  I  R  O  N  K  Q  P  Q  V  E  H  M  K  V  K  Z
H  R  U  B  P  V  N  Y  R  U  N  V  G  X  W  R  O  T
Q  A  A  O  T  N  Y  N  N  L  M  O  U  L  M  L  O  I
B  B  W  Q  I  L  R  U  G  M  B  J  I  N  R  A  M  U
A  K  R  A  T  W  P  G  Q  U  K  R  I  I  V  M  I  U
Z  Q  N  C  Q  B  R  I  M  Q  O  B  N  M  P  Y  K  W
R  U  T  Q  B  B  W  H  M  N  O  N  R  A  W  Y  O  Q
C  B  E  H  Y  O  R  A  N  H  X  V  N  M  U  U  E  O
G  W  C  N  E  Q  P  Q  O  K  L  I  I  H  R  I  P  W
Z  P  W  R  A  G  S  W  A  C  B  N  M  T  H  L  Q  U
C  Q  X  G  H  I  U  U  K  R  E  R  O  B  J  L  X  L
B  W  R  E  D  A  A  R  T  K  P  K  R  O  D  T  U  D
V  B  N  M  U  V  R  I  B  W  X  I  N  K  R  I  G  I
```

Page 58

```
X  W  Q  T  G  F  P  O  N  S  A  P  Z  V  N  B  P  X
A  A  S  U  M  N  K  Q  P  d  X  W  Jj K  S  I  S  Z
H  P  L  W  P  V  N  Y  S  U  B  V  G  X  W  M  O  H
Q  S  O  P  Y  L  K  H  R  E  T  U  U  I  S  A  T  I
B  B  W  Q  I  L  H  S  O  D  B  J  I  N  O  A  A  U
A  S  I  P  A  W  P  J  P  Q  H  R  I  I  V  M  I  U
Z  Q  S  A  D  B  H  J  L  Q  O  B  S  O  N  I  L  W
R  Y  J  W  B  B  W  H  F  S  U  P  F  H  S  I  X  O
C  B  S  I  R  O  O  X  N  H  X  V  N  M  U  U  E  O
G  W  W  Q  X  S  K  Q  O  K  T  U  V  S  A  M  R  W
Z  P  W  R  K  H  S  U  N  C  B  D  S  A  G  i  Q  U
C  Q  S  E  T  I  U  U  K  R  E  R  L  A  J  L  X  L
B  W  B  B  R  J  S  I  T  K  P  K  M  E  E  X  U  D
V  B  N  S  O  B  G  B  P  W  S  I  N  K  J  P  F  I
```

254

Answer Key to Word Search Pages

Page 62

T	U	G	T	T	P	T	O	N	M	K	F	Z	V	T	A	R	X
A	A	I	X	O	N	K	Q	P	T	A	B	A	A	K	V	K	Z
T	A	L	L	P	V	N	Y	R	U	N	V	G	X	W	M	O	H
Q	A	A	O	Y	L	K	W	U	T	I	L	L	E	E	O	Q	I
B	B	W	Q	T	E	N	G	G	M	B	T	I	N	O	A	A	U
T	A	D	I	O	W	P	J	P	Q	H	R	I	I	V	M	I	U
Z	Q	N	C	Q	B	H	J	L	Q	O	B	T	O	P	I	L	W
R	Y	J	W	T	O	S	S	H	Q	Q	Q	E	R	S	W	R	L
C	B	E	H	Y	O	O	X	N	H	X	V	N	M	T	A	G	O
G	T	U	B	H	I	I	Q	O	K	T	U	X	H	P	M	R	W
Z	P	W	R	K	H	S	W	A	C	B	F	W	T	E	L	L	U
C	Q	X	G	T	A	X	U	K	R	E	R	L	A	J	L	X	L
B	T	I	P	Y	E	W	R	T	A	P	K	G	H	K	K	U	D
V	B	N	T	O	T	G	B	P	W	X	I	N	K	T	A	N	I

Page 64

X	W	X	Q	A	A	P	O	N	M	V	I	M	V	N	B	P	X
V	A	L	X	O	N	K	Q	P	Y	R	E	E	V	A	N	K	Z
H	P	L	W	P	V	N	Y	V	E	T	V	E	X	W	M	O	H
Q	A	V	I	M	L	K	J	Y	T	R	V	N	K	U	J	L	I
B	B	W	Q	I	L	V	A	N	M	B	J	I	N	O	A	A	U
A	E	Y	R	V	A	T	J	P	Q	H	R	I	I	V	M	I	U
Z	Q	V	E	T	B	H	J	L	V	A	L	N	M	P	I	L	W
R	Y	J	W	B	B	W	H	T	Q	G	F	O	V	E	X	Q	X
C	B	E	H	Y	O	O	X	V	I	M	V	N	M	U	U	E	O
G	W	V	A	L	I	E	Q	O	K	T	U	V	H	V	A	N	W
Z	P	W	R	K	H	S	W	A	C	B	Y	Y	Q	U	Q	Q	U
C	Q	X	V	E	X	U	U	V	E	T	R	L	A	J	L	X	L
B	W	S	W	R	E	E	R	T	K	P	K	D	R	E	T	U	D
V	A	T	M	U	V	G	B	P	W	X	I	V	A	T	P	F	I

Answer Key to Word Search Pages

Page 66

X	X	T	Y	W	I	T	O	N	M	K	F	Z	V	N	B	P	X
A	A	I	X	O	N	K	W	I	G	W	P	O	U	K	V	K	Z
H	P	L	W	E	L	L	Y	R	U	N	V	G	X	W	M	O	H
Q	A	A	O	Y	L	K	G	R	E	R	E	R	E	W	E	R	I
B	B	W	E	B	L	H	G	G	M	B	J	I	N	O	A	A	U
A	H	O	U	P	W	E	T	P	Q	H	R	I	W	O	N	I	U
Z	W	I	N	Q	B	H	J	L	Q	O	B	N	M	P	I	L	W
R	Y	J	W	B	B	W	I	L	L	Y	T	E	Q	W	E	D	R
C	B	E	H	Y	O	O	X	N	H	X	V	N	M	U	U	E	O
G	W	E	S	Y	Q	X	Q	O	K	T	U	V	H	P	M	R	W
Z	P	W	R	K	H	S	W	A	X	B	Q	E	T	O	U	Q	U
C	Q	X	G	H	I	U	U	K	R	E	R	L	A	J	L	X	L
B	W	A	L	L	E	R	R	T	K	P	K	W	A	G	B	U	D
V	B	N	M	U	V	G	B	P	W	X	I	N	K	J	P	F	I

Page 70

X	W	A	X	T	Q	T	U	X	M	K	F	I	X	N	B	P	X
A	A	I	X	O	N	K	Q	P	A	C	G	F	W	K	V	K	Z
H	P	L	W	P	V	N	Y	R	U	N	V	G	S	I	X	O	H
Q	A	X	O	Y	L	K	U	T	A	X	F	L	L	L	U	I	I
B	B	W	Q	I	L	H	G	G	M	B	J	I	N	O	A	A	U
A	H	Z	X	Q	W	P	J	P	Q	H	R	I	I	V	M	I	X
Z	Q	O	X	Q	B	H	J	L	F	A	X	N	M	P	I	L	W
R	Y	J	W	B	B	W	H	W	R	T	U	Y	P	I	I	U	Q
C	B	E	H	F	O	X	X	N	H	X	V	N	B	O	X	E	O
G	W	L	A	X	W	X	Q	O	K	T	U	V	H	P	M	R	W
Z	P	W	R	K	H	S	W	A	C	B	H	M	A	X	W	Q	U
C	Q	X	G	H	I	U	U	K	R	E	X	L	A	J	L	X	L
B	W	V	E	X	E	E	R	T	K	P	K	G	S	S	R	U	D
V	B	N	M	U	V	G	B	P	O	X	I	N	K	J	P	F	I

256

Answer Key to Word Search Pages

Page 72

X E X Z A Q P O N M K F Z V Y E T X
A Y E S O N K Q P V G R E Q K V K Z
H P L W P V N Y E L L V G X W M O H
Q A A O Y L K G F Y U L Y T Q A U I
B B W Q I L H G G M B J I N O A A U
A G Q Y U M P J P Q H R Y I P M I U
Z Q N C Q B H J L Q O B N M P I L W
R Y J W B B W H Q U C D E U T R W A
C B E H Y A M X N H X V N Y A P E O
G W G W E I W Q O K T U V H P M R W
Z P W R K H S W A C B J Y A K J Q U
C Q X Y O N U U K R E R L A J L X L
B W K E E I E R T K P K J S A A U D
V B N M U V G B P W X I N K J P F I

Page 74

X H T R Q C P O N M K F Z V N B P X
A Z I G O N K Q P W X C K L K V K Z
H P L W P V N Y R U N V G X W M O H
Q A A O Y L K Y R Z I G Z A G E Q I
B B W Q I L H G G M B J I N O A A U
A R E E E W P J P Q Z A G I V M I U
Z Q N Z A P H J L Q O B N M P I L W
R Y J W B B W H C Z I P Y T T E Q U
C B E H Y O O X N H X V N M U U E O
G W W E R Z A P P E R U V H P M R W
Z P Z I P E R A C B U Y R E E Q U
C Q X G H I U U K R E R L A J L X L
B W W Q H T T R T Z I P C O D E U D
V B N M U V G B P W X I N K J P F I

257

Answer Key to Word Search Pages

Page 80

```
X  W  A  A  A  Q  P  O  N  M  L  A  K  E  N  B  P  X
F  A  I  L  O  N  K  Q  P  N  W  R  L  A  T  E  K  Z
H  P  L  W  P  V  M  A  T  E  N  V  G  X  W  M  O  H
Q  A  A  O  Y  L  K  F  L  L  G  F  V  B  H  A  I  L
B  B  W  F  A  T  H  G  G  C  A  T  I  N  O  A  A  U
A  G  W  E  E  W  G  A  T  E  H  R  A  K  E  M  I  U
Z  M  A  D  Q  B  H  J  L  Q  O  B  N  M  A  N  L  W
R  Y  J  W  B  B  A  I  L  E  E  T  Y  J  M  X  Z  Z
C  H  A  T  E  O  O  X  N  H  X  V  M  A  I  L  E  O
G  W  Y  D  B  A  T  Q  O  K  T  U  V  H  P  M  R  W
Z  P  W  R  K  H  S  W  A  C  B  H  A  T  A  E  Q  U
C  A  K  E  H  I  U  U  K  R  E  R  L  A  J  L  X  L
B  W  G  B  A  K  E  R  T  K  P  K  K  K  P  A  D  D
V  B  N  M  U  V  G  B  R  A  N  I  N  K  J  P  F  I
```

Page 82

```
X  X  D  F  E  D  P  O  N  M  E  N  Z  V  N  B  P  X
A  A  I  X  O  N  K  Q  P  N  T  O  A  W  E  D  K  Z
H  F  E  E  D  V  N  Y  R  H  E  A  P  X  W  M  O  H
Q  A  A  O  Y  L  W  E  E  D  W  X  Z  D  E  E  D  I
B  B  W  Q  I  L  H  G  G  M  B  J  I  N  O  A  A  U
A  W  Q  B  E  A  D  J  P  Q  H  R  E  E  D  M  I  U
Z  Q  N  C  Q  B  H  J  L  Q  O  B  N  M  P  I  L  W
R  Y  J  W  M  E  E  T  Q  G  E  S  E  L  L  O  I  K
C  B  E  T  Y  O  O  X  N  H  X  V  N  M  U  U  E  O
G  W  W  D  G  U  O  M  E  A  N  U  V  H  M  E  T  W
Z  P  N  E  A  T  S  W  A  C  B  H  Q  D  H  K  Q  U
C  Q  X  G  H  B  E  A  T  R  E  R  L  A  B  E  D  L
B  W  F  J  Y  M  V  R  T  K  P  R  E  D  A  A  U  D
S  E  A  L  U  V  G  B  P  W  X  I  N  K  B  E  E  P
```

Answer Key to Word Search Pages

Page 86

```
X  A  U  H  I  K  E  O  N  M  K  F  Z  V  N  I  C  E
A  M  I  L  E  N  K  Q  P  Q  G  F  R  K  I  C  E  Z
H  P  L  W  P  V  N  Y  M  I  N  E  G  X  W  M  O  H
F  I  V  E  Y  L  K  G  T  E  W  Q  H  U  U  O  N  I
B  B  W  Q  I  L  I  F  E  M  B  P  I  N  E  A  A  U
A  V  V  H  X  W  P  J  P  Q  H  R  I  I  V  M  I  U
Z  P  I  P  E  B  H  J  L  Q  O  B  N  M  I  C  E  W
R  Y  J  W  B  B  W  H  H  I  V  E  M  N  P  L  W  I
C  B  E  H  Y  O  O  X  N  I  N  E  N  M  U  U  E  O
G  W  R  L  I  N  E  Q  O  K  T  U  V  H  D  I  N  E
Z  D  I  V  E  H  S  W  A  C  B  H  G  T  R  A  Q  U
C  Q  X  G  H  I  B  I  K  E  E  R  M  I  K  E  X  L
B  W  R  I  C  E  K  R  T  K  P  K  K  W  G  D  U  D
V  B  N  M  U  V  L  I  K  E  X  I  N  K  J  P  I  E
```

Page 88

```
M  I  L  E  T  T  P  O  D  I  M  E  Z  B  E  E  P  X
A  T  E  X  O  N  K  I  T  E  U  I  H  H  K  V  K  Z
H  P  L  W  P  V  N  Y  Y  U  N  V  G  X  W  M  O  H
Q  A  A  O  Y  L  K  H  G  W  A  I  T  R  E  B  Q  I
B  B  H  E  A  T  H  G  G  M  B  J  I  N  O  A  A  U
A  G  Q  W  T  W  P  J  P  Q  H  R  I  I  F  E  E  T
Z  Q  N  C  A  P  E  J  L  Q  O  B  N  M  P  I  L  W
R  Y  J  W  B  B  D  E  E  P  M  L  P  A  I  N  W  Q
C  B  E  H  Y  O  O  H  I  D  E  V  N  M  U  U  E  O
L  E  A  P  C  Z  X  Q  O  K  T  U  M  E  A  L  R  W
Z  P  W  R  K  H  S  W  E  C  B  G  I  I  O  Y  Q  U
C  Q  X  G  S  I  D  E  K  R  E  R  F  A  K  E  X  L
B  F  I  N  E  I  R  R  T  K  P  K  W  R  W  E  U  D
V  B  N  M  U  V  G  A  M  E  X  I  N  W  I  F  E  I
```

Answer Key to Word Search Pages

Page 90

R O A D U A B O N E K F Z V N B P X
A A I S O U L Q P W G J Y W G O A T
H P L W P V N Y G O A D G X W M O H
Q M O A N L K G R Y T B X S Z W E I
B B W Q I L H G J O K E I D O M E U
A E W T O N E J P Q H R I I V M I U
Z Q N C Q B H J L C O N E M P I L W
R L O N E B W H F R U E H O P E U E
C B E H B O D E N H X V N M U U E O
G W W O E S W Q O K T U V C O D E W
Z P W R K H S W A C O P E E R Q Q U
C Q X G H I U U K R E R L A J L X L
F O A L E Q W R B O A T M H L I U D
V B N O S E G B P W X F O A M P F I

Page 92

X V B M B F U S E M K F Z D U E L X
L U B E O N K Q P F D T R E K V K Z
H P L C U B E Y R U N V G X W M O H
Q A A O Y L K J U N E E E T U B E I
B T U N E L H G G M B J I N O A A U
A F R W Q W P J P Q H R U S E M I U
Z Q N C Q B D U N E O B N M P I L W
D U D E B B W H U S E W B B W H R R
C B E H Y O O X N H X V N M U T E O
G W F U E L E Q O K C U T E P M R W
Z P W R U D E W A C B T H R R P Q U
M U L E H I L U K E E R L A M U S E
B W V H T O I R T K P K L E E E U D
V L U T E V D U K E X I N K J P F I

260

Answer Key to Word Search Pages

Page 94

X W A A R W P O N L O A N V N B P X
A A I D O E K Q P W F O A M K V K Z
H R O M E V N Y R U L E G X W M O H
Q A A O Y L K F E R R T Y H O P E I
P O E M I L H G G U S E I N O A A U
A W S S Q W P J P Q H R I I V M I U
Z G O A T B H J L Q O B O A T I L W
R Y J W B O N E T R U S E E Q A Y W
C B E H Y O O X N H X V N M U U E O
G D O M E R K Q O K T U B E P M R W
Z P W R K H S W A C O A L R R Q Q U
C V O T E I U U K R E R L M O P E L
B W G E E C U T E K P K L G D A U D
V B F U S E G B P W X I N L U T E I

Page 98

X W A A Q T P O F L Y F Z V B B Y X
A B I K E S K Q P N B V C A T S K Z
H P L W P V N Y H U G S G X W M O H
Q A G O Y L B E T R G F N X Z W E I
B B W H Y L H G M B J I N O A A U
A B O P R W P J P O S I I V M I U
Z Q N C R Y H J L Q O B N M P I L W
R Y J W B B W H D R Y F N V X E E S
C M E N D S O X N H X V N M Y U E O
G W Q G T P N D I G S U V H P M R W
Z P W R K H S W A C B A T S W Q Q U
C Q X G R I B S K R E R L A J L X L
B W Q W F R Y R T K P K N M E O U D
V T R Y U V G B P W X I N O J P F I

Answer Key to Word Search Pages

Page 100

X	M	A	Y	D	R	P	L	A	N	E	F	Z	V	N	B	P	X
A	A	L	A	Y	N	K	Q	P	T	R	E	Q	S	K	V	K	Z
H	P	L	A	C	E	N	Y	R	U	N	V	P	L	U	S	O	H
Q	A	A	O	Y	L	K	W	A	Y	T	V	X	X	A	F	T	I
B	B	D	A	Y	L	H	G	G	M	P	R	A	Y	O	A	A	U
A	W	Y	U	I	W	P	J	P	Q	H	P	L	U	C	K	I	U
Z	Q	N	C	L	A	Y	J	L	Q	O	B	N	M	P	I	L	W
R	Y	J	W	B	B	W	G	R	A	Y	F	K	L	B	C	X	Z
C	P	L	A	I	N	O	X	N	H	X	V	N	P	L	O	W	O
G	W	W	D	J	X	X	P	L	U	M	P	V	H	P	M	R	W
Z	P	L	A	T	E	S	W	A	C	F	R	A	Y	W	C	Q	U
C	Q	X	G	H	I	U	U	K	R	E	P	L	A	Y	L	X	L
B	W	B	T	O	D	A	Y	T	K	P	L	A	N	T	S	U	D
V	B	N	M	U	V	G	B	A	Y	X	I	N	K	J	P	F	I

Page 102

X	T	R	W	W	E	P	O	N	M	K	T	E	S	T	B	P	X
A	A	I	R	O	A	S	T	P	G	H	L	N	M	A	S	T	Z
H	P	L	W	P	V	N	Y	R	U	N	V	G	X	W	M	O	H
Q	A	J	U	S	T	K	H	G	S	T	O	P	N	X	Z	Z	I
B	B	W	Q	I	L	H	G	S	T	A	C	K	N	O	A	A	U
A	S	T	A	Y	W	P	A	S	T	H	R	S	T	I	R	I	U
Z	Q	N	C	Q	B	H	J	L	Q	O	B	N	M	P	I	L	W
R	Y	J	S	T	I	N	G	H	H	F	V	S	T	A	R	S	U
C	B	E	H	Y	O	C	O	A	S	T	V	N	M	U	U	E	O
G	U	S	T	G	F	A	Q	O	K	T	U	S	T	O	R	M	W
Z	P	W	R	K	H	S	T	A	G	E	Y	T	R	R	E	Q	U
C	O	S	T	H	I	U	U	K	R	E	S	T	I	L	L	X	L
B	W	F	R	Q	D	V	S	T	O	N	E	F	H	G	J	U	D
V	B	S	T	O	V	E	B	P	W	X	I	N	D	U	S	T	I

Answer Key to Word Search Pages

Page 104

```
X L I C K S P O N W 0 K E V N B P X
A A I X O N D U C K G G H N K V K Z
H P L S A K E Y R J N L A C K M O H
Q M A K E L K R W E Q S S S T V B I
B B W Q I L H I K E B J I N O A A U
A R A C K W P J P Q H R B A K E I U
Z Q N C Q B A C K Q O B N M P I L W
R Y J W B B W H G P D O C K M K O R
C B E H S O C K N H X V N M U U E O
G C O K E L A Q O K T U R A K E R W
Z P W R K H S F A K E I A O U E Q U
C Q U A K E U U K R E R L J O K E L
B W W R O C K R T K P K J F R P U D
V B N M O C K B P W X I B U C K F I
```

Page 106

```
W I T H W D P O N M K F Z V N B P X
A A I T H E N Q P G H R T H U D K Z
H P L W P V N Y R U T H E Y W M O H
Q H A T H L K T E W W Q S F D F A I
B B W Q C L O T H M B J W O R T H U
M A T H E W P J P A T H I I V M I U
Z Q N C Q B H J L Q O B N M P I L W
R Y J W B B W H T T H E F T A W R T
C T H U M P O X N H X V N M U U E O
G W B V T H I C K K T H E M P M R W
Z P W R K H S T H A T B F R T O Q U
T H U N D E R U K R E T H I N L X L
B A T H S C F R T H I R D F D R U D
V B N F I F T H P T H I N G J P F I
```

Answer Key to Word Search Pages

Page 108

```
X   D   F   R   E   E   Z   E   N   M   K   F   Z   T   R   I   P   X
T   R   A   Y   O   N   K   Q   P   G   T   R   E   E   K   V   K   Z
F   R   O   Z   E   N   N   Y   R   T   N   V   G   X   W   M   O   H
Q   A   A   O   Y   L   K   G   F   R   A   U   D   F   G   Q   A   I
B   B   T   R   I   C   K   G   G   M   B   J   T   R   A   I   N   U
A   F   R   I   G   H   T   J   P   Q   H   R   F   R   O   S   T   U
Z   Q   N   C   Q   T   R   O   D   Q   O   B   N   M   P   I   L   W
R   F   R   O   M   B   W   H   H   G   R   F   R   I   E   D   C   C
C   B   E   H   Y   O   O   X   N   H   X   V   N   M   U   U   E   O
G   W   R   Q   S   T   F   R   E   E   T   U   V   H   P   M   R   W
T   R   A   C   K   H   S   W   A   C   B   Y   T   R   E   A   T   U
C   Q   X   G   H   I   T   R   U   S   T   R   L   A   J   L   X   L
F   R   A   M   E   Z   G   R   T   R   A   D   E   E   E   E   U   D
V   B   N   M   T   G   U   D   P   W   X   F   R   O   G   P   F   I
```

Page 110

```
X   V   C   L   A   P   P   O   N   M   K   F   Z   V   C   L   A   W
G   L   O   S   S   N   K   Q   P   G   L   E   A   M   K   V   K   Z
H   C   L   A   Y   V   N   Y   R   P   N   V   C   L   U   B   O   H
Q   A   A   O   Y   L   K   W   Q   D   F   G   H   Y   R   E   B   I
B   B   G   L   U   M   H   C   L   A   M   J   I   N   O   A   A   U
A   W   R   A   A   W   P   J   P   Q   H   R   G   L   O   V   E   U
Z   Q   N   C   L   E   A   N   L   Q   O   B   N   M   P   I   L   W
R   G   L   U   E   B   W   H   Q   G   L   I   B   Y   R   E   W   Q
C   B   E   H   Y   O   O   C   L   I   F   F   N   M   U   U   E   O
G   L   I   D   E   D   W   Q   O   K   T   C   L   E   F   T   R   W
Z   P   W   R   K   H   G   L   A   S   S   W   R   Q   D   R   Q   U
C   L   A   D   H   I   U   U   K   R   E   R   L   A   J   L   X   L
B   W   R   A   A   A   C   L   E   A   R   K   J   R   E   L   U   D
V   G   L   O   B   E   G   B   P   W   X   I   G   L   A   D   F   I
```

Answer Key to Word Search Pages

Page 112

```
X G W Q P P R U N E K F Z V N B P X
A A I X O N K Q P R O F I T K V K Z
H P R E A C H Y A U N D R I V E O H
Q A A O Y P R A I S E Y M O Q E R I
B B P R A Y H D R A N K I N O A A U
D R Y Y O W P J P R O D I I V M I U
Z Q N D R O P J L Q O B D R A P E W
R Y J W P R O V E V C X Z Q R S A I
C B E H Y O O P R E S S N M U U E O
G D R A B O S Q O K T U V H P M R W
Z P R I D E S W A C B Y Y D R I P U
C Q X G H I D R A G E R L A J L X L
B W A A W W L D R E A M U U I E U D
D R E W U V G B P R I Z E K J P F I
```

Page 114

```
X S Q X Z Z P O N M K F L A M E P X
A B R A N C H Q P G J K L O K V K Z
H F L O P V N F L O W E R X W M O H
Q A A O Y L K H B R I N G M B O C I
B B W F L E W G G M B J I N O A A U
A H R S S W P J P Q B R I D E M I U
Z Q N C Q B R E A D O B N F L I P W
B R A G B B W H B B R E A K B X Z V
C B E H Y O O X N H X B R E E Z E O
G W N X X F L E E K T U V H P M R W
Z P W R K H S W A C B R O W N M Q U
C B R O A D U U K R F L I C K K L X L
B W E F L A G R T K P F L O C K U D
F L A T U V G B R A S S N K J P F I
```

265

Answer Key to Word Search Pages

Page 118

```
X  S  Q  X  Z  Z  P  C  R  U  M  B  F  R  H  P  P  X
A  C  R  E  W  Z  M  Q  P  G  R  O  A  N  K  V  K  Z
H  F  G  R  U  B  N  F  G  R  I  P  O  X  W  M  O  H
Q  A  A  O  Y  L  K  H  V  H  H  C  R  Y  S  T  A  L
B  B  W  G  S  S  L  G  R  O  W  J  I  N  O  A  A  U
A  C  R  A  B  W  P  J  P  Q  B  G  R  A  C  E  I  U
Z  Q  N  C  Q  N  U  C  R  O  W  N  Z  N  X  Z  Z  W
N  C  R  A  W  L  W  H  B  Z  B  C  R  I  B  X  Z  V
C  R  O  S  S  O  O  X  G  R  A  I  N  S  T  W  X  O
G  W  N  X  X  V  I  E  E  K  T  U  V  H  P  M  R  W
C  R  E  A  K  H  S  W  A  C  R  A  S  H  V  M  Q  U
C  B  E  Q  X  Z  U  U  K  R  G  R  A  S  S  L  X  L
B  W  E  G  R  E  E  N  T  K  P  J  G  R  E  A  T  D
G  R  I  N  U  V  G  D  R  R  T  Q  N  K  J  P  F  I
```

Page 120

```
S  H  A  D  E  Z  P  H  W  J  P  P  F  R  E  S  H  X
A  W  Q  X  Z  Z  M  Q  S  H  I  N  E  L  K  V  K  Z
H  F  H  U  S  H  N  F  H  F  D  S  H  E  E  P  O  H
Q  A  A  O  Y  L  K  H  S  H  I  R  T  N  M  P  W  Z
B  B  L  I  N  K  L  J  V  B  X  J  I  N  O  A  A  U
A  G  H  K  L  W  P  J  P  Q  B  L  O  O  D  T  I  U
Z  Q  N  C  Q  N  U  H  W  I  S  H  Z  N  X  Z  Z  W
B  L  A  C  K  O  W  H  B  L  O  C  K  R  Z  X  Z  V
J  X  R  E  K  O  O  X  H  D  W  S  H  A  R  E  X  O
G  W  N  B  L  A  S  T  E  K  T  U  V  H  P  M  R  W
J  K  L  L  M  H  S  W  A  C  B  L  A  N  K  M  Q  U
C  B  L  E  A  T  U  U  K  F  I  S  H  D  G  L  X  L
B  L  A  M  E  W  X  Z  T  K  B  L  E  D  L  L  P  D
H  R  R  B  L  E  N  D  R  R  T  Q  S  H  E  L  L  I
```

Answer Key to Word Search Pages

Page 122

```
R  X  Z  M  B  Z  P  H  W  J  S  P  E  A  R  B  D  X
S  P  I  L  L  Z  M  Q  S  P  O  O  N  L  K  V  K  Z
H  F  K  L  X  V  S  P  A  D  E  G  R  R  H  L  O  H
Q  S  M  A  R  T  K  H  D  D  H  S  M  I  L  E  W  Z
B  B  B  W  J  S  M  A  C  K  X  J  I  N  O  A  A  U
A  G  S  P  E  E  D  J  P  Q  H  F  E  S  M  U  G  U
Z  Q  N  C  Q  N  U  S  P  I  N  O  Z  N  X  Z  Z  W
S  M  A  L  L  O  W  H  S  P  A  C  E  R  Z  X  Z  V
J  X  R  E  K  O  O  X  H  D  W  Y  R  E  W  Q  X  O
G  S  P  A  M  J  N  B  E  K  S  M  O  K  E  M  R  W
J  K  L  L  M  H  S  M  A  S  H  S  A  A  E  M  Q  U
C  R  K  M  N  V  U  U  K  S  M  E  L  L  G  L  X  L
S  P  E  L  L  W  X  Z  T  K  G  Y  T  S  P  U  N  D
H  R  R  R  R  S  P  A  R  E  T  Q  S  M  I  T  H  I
```

Page 124

```
S  N  E  A  K  Z  P  H  W  J  G  T  W  I  C  E  D  X
S  F  W  C  Z  Z  M  Q  S  N  A  C  K  L  K  V  K  Z
H  F  K  L  X  V  G  R  W  N  N  G  R  R  H  L  O  H
Q  S  N  U  G  G  L  E  D  D  H  T  W  I  N  V  W  Z
S  N  A  K  E  G  T  R  G  D  X  S  N  U  B  A  A  U
A  G  D  V  M  H  J  J  T  W  I  G  E  Y  Y  W  R  U
Z  Q  T  W  E  L  V  E  W  A  A  O  Z  N  X  Z  Z  W
W  Q  C  B  N  T  W  I  L  L  G  H  S  N  I  P  Z  V
J  X  R  E  K  O  O  X  H  T  W  I  T  E  W  Q  X  O
T  W  E  E  T  J  N  S  N  A  G  N  V  K  L  M  R  W
J  K  L  L  M  H  R  C  V  B  N  S  S  N  I  F  F  U
C  R  T  W  I  N  K  L  E  R  G  F  V  N  G  L  X  L
L  L  F  R  S  N  A  R  E  K  G  Y  T  G  S  N  O  B
T  W  I  R  L  R  T  W  I  S  T  Q  Y  J  K  N  M  I
```

Answer Key to Word Search Pages

Page 126

```
X  S  W  E  E  P  P  O  N  M  T  H  R  E  A  D  P  X
A  A  I  X  O  N  K  Q  P  S  W  I  M  U  K  V  K  Z
H  P  S  W  U  N  G  Y  A  U  N  V  G  X  W  M  O  H
Q  A  A  O  Y  T  H  R  E  W  N  X  O  X  O  N  Z  I
B  B  W  Q  I  L  H  G  G  M  S  W  I  N  G  A  A  U
A  E  E  E  S  W  E  A  T  Q  S  W  A  G  V  M  I  U
T  H  R  A  S  H  H  J  L  Q  O  B  N  M  P  I  L  W
R  Y  J  W  B  B  T  H  R  O  W  R  T  C  Z  X  A  Z
C  B  E  S  W  I  R  L  N  H  X  S  W  O  R  D  E  O
G  W  W  J  G  K  L  Q  O  K  T  H  R  I  L  L  R  W
Z  P  T  H  R  O  N  E  A  C  B  S  W  A  P  E  Q  U
C  Q  X  G  H  I  U  U  K  T  H  R  O  A  T  L  X  L
S  W  A  B  E  E  Q  R  T  H  R  I  F  T  T  R  U  D
V  B  N  M  T  H  R  U  S  T  X  I  N  T  H  R  O  B
```

Page 128

```
X  A  W  S  T  R  E  A  M  M  K  F  Z  V  N  B  P  X
A  S  C  R  A  W  L  Q  P  Q  W  S  T  R  O  D  E  Z
S  C  R  A  P  V  N  Y  A  U  N  V  G  X  W  M  O  H
Q  A  A  O  Y  L  K  Q  F  V  S  T  R  E  E  T  Z  I
S  T  R  I  N  G  H  G  G  M  S  C  R  U  B  A  A  U
A  R  E  E  E  S  C  R  A  M  B  L  E  I  V  M  I  U
Z  Q  S  T  R  A  I  N  L  Q  S  T  R  E  S  S  L  W
R  Y  J  W  B  B  W  S  C  R  O  L  L  C  Z  X  A  Z
C  B  S  C  R  I  P  T  N  H  X  V  N  M  U  U  E  O
G  W  W  J  G  K  L  Q  O  S  T  R  I  P  E  M  R  W
S  T  R  A  Y  H  S  C  R  A  G  G  Y  Q  D  E  Q  U
C  S  C  R  E  A  M  U  K  R  E  S  T  R  A  P  X  L
B  W  G  E  E  S  C  R  E  E  N  K  O  W  T  R  U  D
V  S  T  R  U  G  G  L  E  W  X  I  N  S  C  R  E  W
```

Answer Key to Word Search Pages

Page 130

```
X  A  W  C  H  O  P  O  N  C  H  E  C  K  N  B  P  X
Y  A  R  D  O  N  K  Q  P  Q  W  R  F  A  R  M  K  Z
H  P  L  W  C  H  A  S  E  U  N  V  G  X  W  M  O  H
Q  A  A  R  K  L  K  Q  F  V  N  X  P  A  R  K  Z  I
B  C  H  E  S  T  H  G  G  M  B  J  C  H  A  P  A  U
A  R  E  E  E  W  P  J  C  H  I  L  D  I  V  M  I  U
Z  Q  N  C  Q  B  H  A  R  S  H  B  N  M  P  I  L  W
R  Y  J  W  B  B  C  H  E  W  W  R  T  C  L  A  R  K
C  A  R  D  Y  O  O  C  H  A  I  N  N  M  U  U  E  O
G  W  W  J  G  K  L  Q  O  K  T  U  V  H  P  M  R  W
Z  P  M  A  R  K  E  T  A  C  B  R  C  H  A  I  R  U
C  Q  X  G  H  I  U  U  K  R  E  R  L  A  J  L  X  L
B  D  A  R  T  E  Q  R  T  K  C  H  O  S  E  N  U  D
V  B  N  M  U  C  H  A  R  T  X  I  N  K  J  P  F  I
```

Page 132

```
X  A  W  S  L  A  C  K  N  M  K  S  Q  U  I  D  P  X
A  A  I  X  O  N  K  Q  S  L  E  E  V  E  K  V  K  Z
H  S  Q  U  A  R  E  Y  A  U  N  V  G  X  W  M  O  H
Q  A  A  S  L  A  Y  Q  F  V  N  X  S  L  I  M  Z  I
B  B  W  Q  S  L  I  D  E  M  B  J  I  N  O  A  A  U
A  R  E  E  E  W  P  J  P  S  Q  U  I  R  M  V  I  U
Z  Q  N  S  Q  U  E  E  Z  E  O  B  N  M  P  I  L  W
S  L  O  T  H  B  W  H  S  Q  U  A  S  H  Z  X  A  Z
C  B  E  H  Y  S  L  O  B  H  X  V  N  M  U  U  E  O
G  S  L  A  W  K  L  Q  O  S  L  E  E  P  S  M  R  W
Z  P  W  R  K  H  S  W  A  C  B  S  Q  U  A  T  Q  U
C  S  Q  U  A  B  U  U  S  Q  U  E  A  K  J  L  X  L
B  W  G  E  E  E  Q  R  T  K  P  K  O  S  L  U  R  D
S  Q  U  I  S  H  G  B  P  S  Q  U  E  A  L  P  F  I
```

269

Answer Key to Word Search Pages

Page 136

X A W S E S P R E A D E R V N B P X
A S P R E A D Q P Q S P L I T V K Z
H P L W P V N Y S P R I N K L E O H
Q A A S P L A Y F V N X O X O N Z I
S P R A Y L H G G M B S P R A I N U
A R E E S P R O U T R I I V M I U
Z Q N S P R I N G Q O S P R U C E W
R Y J W S P L U T T E R T C Z X A Z
C B S P L E N D I D X V N M U U E O
G W W J G K L Q O K S P R A W L R W
Z P W R K H S P L A T T E R D E Q U
C S P L E N D O R R E R L S P R Y L
B W G S P R I G T K S P L A S H U D
V B S P L I N T E R X I S P L I N T

Page 138

X A W S C A R O N M K S K I M B P X
A S K I P N K Q P Q W S C O L D K Z
H P L W T U S K A S K U L L W M O H
S S C O F F K Q F V N X O X O N Z I
B B W Q I L H G G M B S C U F F A U
A R S C O N E J P Q H R I I V M I U
Z Q N C Q B S K I F F B N S K I L L
S C U M B B W H E W W S K A T E A Z
C B E S C A M X N H X V N M U U E O
G W W J G K L Q O K T U S C O R N W
Z P S C A B S W A S K I N Q D E Q U
C Q X G H I U U K R S K U N K L X L
B W G E E E Q R T K P K O W T R U D
V B N M A S K B P W X T A S K P F I

270

Answer Key to Word Search Pages

Page 140

```
X  A  W  I  N  D  O  W  N  M  K  F  Z  V  B  O  W  X
A  A  I  X  O  N  K  Q  P  Q  G  R  O  W  K  V  K  Z
D  O  W  N  P  V  N  Y  A  U  N  V  O  W  E  L  O  H
Q  A  A  O  Y  L  K  S  H  O  W  E  R  X  O  N  Z  I
B  P  I  L  L  O  W  G  G  M  B  J  I  R  O  W  A  U
A  R  E  E  E  W  P  J  P  B  L  O  W  N  V  M  I  U
Z  Q  N  C  L  O  W  N  L  Q  O  B  N  M  P  I  L  W
R  Y  J  W  B  B  W  H  E  W  C  R  O  W  N  X  A  Z
C  B  F  R  O  W  N  X  N  H  X  V  N  M  U  U  E  O
G  W  W  J  G  K  L  Q  O  K  T  G  L  O  W  M  R  W
Z  C  H  O  W  H  S  W  Y  E  L  L  O  W  D  E  Q  U
C  Q  X  G  H  B  O  W  L  R  E  R  L  A  J  L  X  L
B  R  O  W  N  E  Q  R  T  K  P  D  O  W  E  L  U  D
V  B  N  M  C  R  O  W  P  W  F  L  O  W  E  R  F  I
```

Page 142

```
X  A  W  S  E  R  V  E  N  M  K  F  Z  V  N  B  P  X
A  A  I  X  C  L  E  R  K  Q  W  N  E  R  V  E  K  Z
H  B  L  U  R  B  N  Y  S  U  M  M  E  R  W  M  O  H
D  I  N  N  E  R  K  Q  F  V  N  X  O  X  O  N  Z  I
B  B  W  Q  I  L  H  G  G  M  B  C  U  R  V  E  A  U
A  P  E  P  P  E  R  J  P  Q  H  R  I  I  V  M  I  U
Z  Q  N  C  Q  B  H  U  R  T  O  B  L  U  R  T  L  W
R  Y  J  T  I  G  E  R  E  W  W  R  T  C  Z  X  A  Z
C  B  E  H  Y  O  O  X  N  H  B  U  T  T  E  R  E  O
G  W  I  N  N  E  R  Q  O  K  P  U  R  S  E  M  R  W
Z  P  W  R  K  F  U  R  N  I  T  U  R  E  D  E  Q  U
C  Q  X  C  U  R  S  E  K  R  E  R  L  A  J  L  X  L
B  W  G  E  E  E  B  U  R  N  P  C  O  R  N  E  R  D
V  F  L  O  W  E  R  B  P  W  X  I  L  A  D  D  E  R
```

Answer Key to Word Search Pages

Page 144

```
X  B  R  O  O  K  P  O  N  M  K  F  Z  O  O  M  P  X
A  C  R  O  O  K  K  Q  P  Q  B  R  O  O  M  V  K  Z
H  P  L  W  P  V  N  Y  A  U  N  H  O  O  K  M  O  H
Q  A  R  O  O  M  K  Q  F  V  N  X  O  X  O  N  Z  I
B  B  W  Q  I  L  H  G  O  O  S  E  I  N  O  A  A  U
A  R  E  E  E  W  P  J  P  Q  H  R  I  F  O  O  T  U
Z  Q  T  O  O  L  H  J  L  M  O  O  N  M  P  I  L  W
R  Y  J  W  B  B  O  O  K  O  O  R  H  O  O  D  A  Z
C  B  E  H  C  O  O  K  I  E  X  V  N  M  U  U  E  O
G  W  W  J  G  K  L  H  O  O  T  U  V  H  P  M  R  W
Z  S  C  H  O  O  L  W  A  C  B  R  W  Q  D  E  Q  U
C  Q  X  G  F  O  O  D  K  R  E  R  L  O  O  S  E  L
B  W  G  E  E  E  D  R  O  O  L  K  O  W  T  R  U  D
V  G  O  O  D  V  G  B  P  W  X  L  O  O  K  P  F  I
```

Page 146

```
X  A  W  S  E  O  C  A  N  D  Y  F  Z  V  N  B  P  X
A  A  I  P  O  N  Y  Q  P  Q  W  S  T  U  R  D  Y  Z
H  P  H  A  P  P  Y  Y  A  U  N  V  D  A  D  D  Y  H
R  O  C  K  Y  L  K  Q  F  U  Z  Z  Y  X  O  N  Z  I
B  B  W  Q  I  L  H  G  G  M  B  J  I  N  O  A  A  U
A  R  H  E  A  L  T  H  Y  Q  H  R  I  I  V  M  I  U
Z  Q  N  C  Q  B  H  J  L  B  R  E  E  Z  Y  I  L  W
R  Y  J  H  A  N  D  Y  E  W  W  R  T  C  Z  X  A  Z
C  B  E  H  Y  O  O  X  D  A  N  D  Y  M  U  U  E  O
C  R  E  A  M  Y  L  Q  O  K  T  I  N  Y  P  M  R  W
Z  P  C  R  A  Z  Y  W  A  C  B  D  I  R  T  Y  Q  U
C  Q  X  G  M  O  M  M  Y  R  E  R  L  A  Z  Y  X  L
B  W  G  F  U  N  N  Y  T  K  P  K  O  W  T  R  U  D
V  D  U  S  T  Y  G  B  P  W  K  I  T  T  Y  P  F  I
```

Answer Key to Word Search Pages

Page 148

```
X  A  W  S  H  O  U  S  E  M  K  F  Z  V  N  O  R  X
A  A  I  X  O  N  K  Q  P  Q  W  O  R  D  K  V  K  Z
H  P  L  W  P  O  R  K  A  U  N  D  O  U  B  T  O  H
Q  A  A  O  Y  L  O  R  D  V  N  X  O  X  O  N  Z  I
T  O  R  N  I  L  H  G  G  M  B  L  O  U  S  E  A  U
A  R  E  E  E  W  P  J  P  Q  H  R  I  I  V  M  I  U
Z  Q  M  O  U  S  E  J  L  Q  O  B  O  R  N  I  L  W
R  Y  J  W  B  B  W  H  E  W  R  O  U  N  D  X  A  Z
C  O  U  C  H  O  O  X  N  H  O  R  S  E  U  U  E  O
S  O  U  T  H  K  L  Q  O  K  T  U  V  H  F  O  R  K
Z  P  W  R  K  H  S  H  O  U  T  R  W  Q  D  E  Q  U
C  O  R  N  H  I  U  U  K  R  E  R  L  O  U  D  X  L
B  W  G  E  E  E  G  R  O  U  N  D  O  W  T  R  U  D
V  B  S  H  O  R  T  B  P  W  X  I  N  K  J  P  F  I
```

Page 150

```
X  A  W  F  E  I  G  N  N  M  K  F  Z  V  N  B  P  X
A  A  L  I  G  N  K  Q  P  Q  W  R  T  H  I  N  G  Z
H  P  L  W  P  V  N  K  N  O  B  V  G  X  W  M  O  H
Q  D  E  S  I  G  N  Q  F  V  N  X  G  N  A  T  Z  I
B  B  W  Q  I  L  H  G  G  M  B  K  N  I  F  E  A  U
A  R  E  E  E  W  C  L  I  N  G  R  I  I  V  M  I  U
Z  Q  N  K  I  N  G  J  L  Q  O  B  N  M  P  I  L  W
R  Y  J  W  B  K  N  O  T  W  W  I  N  G  Z  X  A  Z
K  N  E  W  Y  O  O  X  N  H  X  P  I  N  G  U  E  O
G  W  W  J  G  K  L  Q  O  S  I  G  N  H  P  M  R  W
Z  P  W  R  K  N  E  L  T  C  B  R  W  Q  D  E  Q  U
C  K  N  I  T  I  U  U  K  R  E  R  G  N  A  R  L  L
B  W  G  N  A  W  Q  R  T  K  P  K  N  O  C  K  U  D
V  B  N  M  U  V  G  S  T  I  N  G  N  K  J  P  F  I
```

Answer Key to Word Search Pages

Page 154

```
S   T   A   L   K   O   P   O   N   M   K   R   I   G   H   T   P   X
A   A   I   X   O   N   K   Q   P   Q   W   A   L   K   E   D   K   Z
H   P   F   L   I   G   H   T   A   U   N   V   G   X   W   M   O   H
Q   A   A   O   Y   L   K   Q   F   V   N   P   L   I   G   H   T   I
B   B   W   C   R   O   S   S   W   A   L   K   I   N   O   A   A   U
A   R   E   E   H   I   G   H   P   Q   B   R   I   G   H   T   I   U
Z   B   A   L   K   B   H   J   L   Q   O   B   N   M   P   I   L   W
R   Y   J   W   B   B   W   H   E   S   I   D   E   W   A   L   K   Z
C   B   E   C   H   A   L   K   N   H   X   V   N   M   U   U   E   O
G   W   M   I   G   H   T   Q   O   K   T   B   L   I   G   H   T   W
Z   P   W   R   K   H   N   I   G   H   B   W   A   L   K   S   Q   U
C   Q   M   O   O   N   W   A   L   K   E   R   L   A   J   L   X   L
B   W   A   L   K   E   Q   R   T   K   P   F   I   G   H   T   U   D
V   B   T   A   L   K   G   B   P   W   S   I   G   H   J   P   F   I
```

Page 156

```
X   A   W   S   K   U   N   K   N   M   K   F   Z   H   A   N   G   X
F   A   N   G   O   N   K   Q   P   Q   B   U   N   K   K   V   K   Z
H   S   L   A   N   G   N   Y   A   U   N   V   G   X   W   M   O   H
Q   A   A   O   Y   L   K   Q   F   L   U   N   K   X   O   N   Z   I
G   A   N   G   I   L   H   G   G   M   B   J   I   N   O   A   A   U
A   R   E   E   S   A   N   G   P   Q   P   L   U   N   K   M   I   U
Z   Q   D   U   N   K   H   J   L   Q   O   B   N   M   D   A   N   G
R   Y   J   W   B   B   W   H   E   B   A   N   G   C   Z   X   A   Z
C   C   L   U   N   K   O   X   N   H   X   V   N   M   U   U   E   O
G   W   W   J   G   K   L   Q   O   K   T   S   L   U   N   K   R   W
Z   P   H   U   N   K   S   W   A   S   U   N   K   E   N   E   Q   U
C   Q   X   G   P   A   N   G   K   R   E   R   A   N   G   L   X   L
B   W   G   E   E   E   Q   R   T   R   U   N   K   W   T   R   U   D
C   L   A   N   G   V   G   B   P   W   X   I   N   K   J   P   F   I
```

274

Answer Key to Word Search Pages

Page 158

```
L E A R N I N G N M K F Z V N B P X
A A I X D N K Q P D R A W I N G K Z
H P L W P V P U L L I N G X W M O H
Q A A O Y L K Q F A L L I N G N Z I
J U M P I N G G G M B J I N O A A U
A R E E W P J P U S H I N G M I U
Z H A N D I N G L Q O B N M P I L W
R C A L L I N G E W P R E S S I N G
C B E H L O O K I N G V N M U U E O
G W W J G K L Q O K N E E L I N G W
Z P W R K P O U T I N G W Q D E Q U
C Y E L L I N G K R E R L A J L X L
F E A R I N G R T B L O W I N G U D
V B N M U V G B K N O W I N G P F I
```

Page 160

```
X A W S E O P O N G I R T H N B P X
T H I R S T K Q P Q W O R M K V K Z
H P L W O R T H A U N V G X F I R M
Q A A O Y L K Q M I R T H X O N Z I
B B W O R N H G G M B W O R L D A U
A R E E W O R S E H R I I V M I U
Z Q N C Q B H J L Q O B N D I R T W
R Y J W O R K H E W W O R T H Y A Z
C B E H Y O O X N H X V N M U U E O
G W O R S H I P O K T B I R T H R W
Z P W R K H S K I R T R W H I R L U
C Q X G H I U U K R E R L A J L X L
B W O R R Y Q R T K P K O W O R D D
V B N S I R G B F I R S T K J P F I
```

Answer Key to Word Search Pages

Page 162

X A W S B A N K N M K T H A N K P X
A D R I N K K Q P Q W R L I N K K Z
H P L W P V C L I N K V G X W M O H
S A N K Y L K Q F S T I N K O N Z I
B B W Q I L A N K Y B J I N O A A U
A R E E W P J P Q H R A N K M I U
Z Q N C L A N K L Q O B N M P I L W
R Y J W B B W H E W P R A N K X A Z
C B E H A N K Y N H X V S I N K E O
G W I N K K L Q O K T U V H P M R W
Z P W R K H S W A C B L I N K E Q U
C Q X G P I N K K R E R L A J L X L
D R A N K E Q R T K F L A N K R U D
V B N M U V I N K W K I N K J P F I

Page 164

W A L K E O P O N W A T E R N B P X
A A S T R U N G P Q W R T U K V K Z
H P L W R O N G A U N V G L O N G H
Q A A O Y L K Q F V R U N G O N Z I
S T R O N G H G G M B J I W A N T U
A R E E W P G U N G H O I V M I U
Z Q N C Q B H J L G O N G M P I L W
R Y J W A I T H E W W R T S O N G Z
C B E L O N G X N H X V N M U U E O
G W W J G K L Q O C L U N G P M R W
Z P W A F T S W A C B R W Q D E Q U
C Q X G H U N G K D I N G D O N G L
B L U N G E Q R T K P K O W A D E D
V B N M U V G B P W A X N K J P F I

276

Answer Key to Word Search Pages

Page 166

```
X   A   H   O   Y   O   P   O   N   M   K   P   O   I   N   T   P   X
A   A   I   X   O   N   K   Q   P   Q   B   O   Y   U   K   V   K   Z
H   P   L   W   D   E   C   O   Y   U   N   V   G   X   W   M   O   H
Q   A   L   O   Y   A   L   Q   F   V   N   B   O   I   L   N   Z   I
P   L   O   Y   I   L   H   G   F   O   I   L   I   N   O   A   A   U
A   R   E   E   E   W   P   J   P   Q   H   R   I   I   V   M   I   U
Z   A   N   O   I   N   T   J   L   Q   O   B   C   O   I   N   L   W
R   Y   J   W   B   B   W   H   E   W   W   R   T   C   Z   X   A   Z
C   B   E   H   J   O   I   N   T   H   X   V   N   M   U   U   E   O
G   S   O   I   L   K   L   Q   O   K   T   M   O   I   S   T   R   W
Z   P   W   R   K   H   S   O   Y   C   B   R   W   Q   D   E   Q   U
N   O   I   S   E   I   U   U   K   R   E   N   J   O   Y   L   X   L
B   W   G   E   J   O   Y   R   T   O   Y   K   O   W   T   R   U   D
V   R   O   Y   A   L   G   B   P   D   E   V   O   I   D   P   F   I
```

Page 170

```
X   A   W   S   E   O   P   D   I   N   N   E   R   V   N   B   P   X
A   A   I   X   O   N   K   Q   P   Q   N   I   C   E   S   T   K   Z
H   D   A   R   K   E   R   Y   A   U   N   V   G   X   W   M   O   H
Q   A   A   O   Y   L   K   Q   F   V   S   O   F   T   E   S   T   I
B   B   W   Q   I   L   H   E   L   P   E   R   I   N   O   A   A   U
P   O   O   R   E   S   T   J   P   Q   H   R   I   I   V   M   I   U
Z   Q   N   C   Q   B   H   J   L   Q   O   B   I   G   G   E   S   T
R   Y   K   E   E   P   E   R   E   W   W   R   T   C   Z   X   A   Z
C   B   E   H   C   O   L   D   E   R   X   V   N   M   U   U   E   O
B   U   R   N   E   R   L   Q   O   K   T   F   A   S   T   E   R   W
Z   P   W   R   K   H   S   W   A   D   A   R   K   E   S   T   Q   U
L   O   N   G   E   R   U   U   K   R   B   O   L   D   E   R   X   L
B   W   M   E   A   N   E   S   T   K   P   K   O   W   T   R   U   D
V   B   N   M   U   V   G   B   P   W   W   I   N   N   E   R   F   I
```

277

Answer Key to Word Search Pages

Page 172

```
X A W S E O P O W A I T E D N B P X
B L I G H T E D P C H A R T E D K Z
H P L W P V N Y A D R I F T E D O H
H A T C H E D Q F V N X O X O N Z I
B C H E A T E D G M E L T E D A A U
A R E E E W P J P Q H L A N D E D U
Z Q N C Q B U M P E D B N M P I L W
R Y F I S H E D E W W R T C Z X A Z
C B E H Y O O X N S E E D E D U E O
G W W J G K J U M P E D V H P M R W
Z P S I F T E D A C B R W Q D E Q U
C Q X G H I U U K R C O O K E D X L
B W G N E E D E D K P K O W T R U D
V B N M N V G B P W P U S H E D F I
```

Page 174

```
X J O I N E D O N M K C O O L E D X
A A I X O N K Q P Q C A T C H V K Z
H P L W P R A Y E D N V G X W M O H
Q A A O Y L K Q F I L L E D O N Z I
B B W Q I L O V E D B J I N O A A U
A R E E W S P I L L E D I V M I U
Z Q C O M B E D L Q O B N M P I L W
R Y J W B B W H E W S W I T C H Z
C B E H Y O I L E D X V N M U U E O
G W W J G K L Q P A T C H H P M R W
Z P I T C H S W A C B R W Q D E Q U
C Q X G H I W R E T C H L A J L X L
B W G E E E Q R T K P L A Y E D U D
W A T C H V G B P S E A L E D P F I
```

278

Answer Key to Word Search Pages

Page 176

```
X  A  Q  U  I  C  K  L  Y  M  K  F  Z  V  N  B  P  X
A  A  S  M  A  L  L  Q  P  Q  W  R  H  A  L  L  K  Z
H  P  N  I  G  H  T  L  Y  B  O  L  D  L  Y  M  O  H
Q  A  A  O  Y  L  K  G  R  E  A  T  L  Y  O  N  Z  I
B  B  W  Q  I  F  A  L  L  M  B  L  O  U  D  L  Y  U
A  R  A  I  N  F  A  L  L  Q  H  R  I  I  V  M  I  U
Z  Q  N  C  Q  B  H  J  L  Q  O  B  N  M  A  L  L  W
R  Y  J  W  B  B  W  T  A  L  L  R  T  C  Z  X  A  Z
C  F  I  R  M  L  Y  X  N  H  E  A  V  E  N  L  Y  O
G  W  W  A  T  E  R  F  A  L  L  U  V  H  P  M  R  W
Z  P  W  R  K  H  S  W  A  C  A  L  L  Q  D  E  Q  U
C  Q  C  O  S  T  L  Y  K  R  S  O  F  T  L  Y  X  L
B  A  L  L  E  E  Q  R  T  K  P  K  S  T  A  L  L  D
V  B  N  M  U  V  D  A  I  L  Y  I  N  K  J  P  F  I
```

Page 178

```
X  A  W  S  E  O  P  O  N  M  K  F  Z  V  N  B  P  X
A  A  I  X  O  N  K  Q  P  Q  W  R  T  W  E  A  R  Z
H  P  L  W  P  V  H  E  A  R  D  V  G  X  W  M  O  H
Q  E  A  R  T  H  K  Q  F  V  N  X  O  N  E  A  R  I
B  B  W  Q  I  L  H  G  G  E  A  R  S  N  O  A  A  U
A  R  E  E  E  W  P  E  A  R  L  R  I  B  E  A  R  U
Z  Q  N  T  E  A  R  S  L  Q  O  B  N  M  P  I  L  W
R  Y  J  W  B  B  W  H  E  W  E  A  R  I  N  G  A  Z
C  B  E  A  R  L  Y  X  N  H  L  E  A  R  N  U  E  O
G  W  W  J  G  K  D  E  A  R  T  U  V  H  P  M  R  W
Z  E  A  R  N  H  S  W  A  C  B  S  W  E  A  R  Q  U
C  Q  X  G  C  L  E  A  R  R  E  A  R  A  J  L  X  L
B  F  E  A  R  E  Q  P  E  A  R  K  O  H  E  A  R  D
V  B  N  M  U  V  G  B  S  E  A  R  C  H  J  P  F  I
```

279

Answer Key to Word Search Pages

Page 180

```
X A J E W I S H N M K F S T R E W X
A A I X O N K N E W E S T U K V K Z
H P J E W S N Y A U B L E W W M O H
Q A A O Y L K Q F V N E W L Y N Z I
B B W Q M E W I N G B J E W E L A U
A F E W E W P J F L E W I I V M I U
Z Q N C Q B H J L Q O P E W S I L W
R Y J W B B W N E W W R T C Z X A Z
C H E W Y O O X N H J E W E L S E O
G W W J E W E L R Y T U V H P M R W
Z P W R K N E W S P A P E R D E Q U
C Q X G R E W U K R E R L A M E W L
B W F E W E S T T K P K O W T R U D
V B N M U V G B P F E W E R J P F I
```

Page 182

```
X A W H O M P O N M K F Z V N B P X
A A I X O N K Q P Q W H O O P V K Z
H P L W P V N W H O E V E R W M O H
Q W H O Y L K Q F V N X O X O N Z I
B B W Q I W H E N M B J I N O A A U
A R E E E W P J P W H O S O V M I U
Z Q N C Q B H J L Q O B W H I C H W
R Y J W H A T H E W W H I L E X A Z
C B W H O A O X W H O S E M U U E O
G W W J G K L Q O K T U V H P M R W
Z P W H I P Q W H A L E W Q D E Q U
C Q X G H I U U K R W H E A T L X L
B W H E E L Q R T K P K O W T R U D
V B N M U V G B P W H E R E J P F I
```

280

Answer Key to Word Search Pages

Page 184

```
T  O  M  B  E  O  T  O  L  D  K  F  Z  C  O  L  D  X
A  A  I  B  O  L  D  Q  P  Q  W  D  U  M  B  V  K  Z
H  P  L  A  M  B  N  Y  A  U  N  V  G  X  W  M  O  H
Q  A  A  O  Y  C  R  U  M  B  N  X  O  L  D  N  Z  I
B  B  W  Q  I  L  H  G  G  M  B  J  I  N  O  A  A  U
A  S  O  L  D  W  P  J  P  Q  H  O  L  D  V  M  I  U
Z  Q  N  L  I  M  B  J  L  Q  O  B  N  M  P  I  L  W
R  Y  J  W  B  B  W  S  T  R  O  N  G  H  O  L  D  Z
C  O  M  B  Y  O  O  X  N  P  L  U  M  B  U  U  E  O
G  W  W  J  G  K  L  Q  O  K  T  G  O  L  D  M  R  W
Z  P  W  O  M  B  S  W  A  C  B  O  M  B  D  E  Q  U
C  Q  X  G  H  I  U  U  K  R  E  R  L  A  J  L  X  L
B  W  G  E  E  E  Q  U  P  H  O  L  D  W  T  R  U  D
V  T  H  U  M  B  G  B  P  W  X  I  F  O  L  D  F  I
```

Page 188

```
X  A  W  F  I  D  D  L  E  M  K  F  L  I  T  T  L  E
A  L  O  U  D  N  K  Q  P  A  W  A  K  E  K  V  K  Z
H  P  L  W  P  V  N  Y  A  R  O  S  E  X  W  M  O  H
Q  C  Y  C  L  E  K  Q  F  V  A  G  R  E  E  N  Z  I
B  I  B  L  E  L  H  G  G  M  B  J  I  N  O  A  A  U
A  R  E  E  E  W  P  J  P  G  I  G  G  L  E  M  I  U
Z  Q  N  C  Q  A  D  O  P  T  O  B  N  M  P  I  L  W
R  Y  J  W  T  R  O  U  B  L  E  R  T  C  Z  X  A  Z
A  F  R  A  I  D  O  X  N  H  X  V  A  B  O  V  E  O
G  W  W  J  G  S  T  R  U  G  G  L  E  H  P  M  R  W
Z  P  W  R  K  H  S  W  A  L  I  K  E  Q  D  E  Q  U
C  Q  X  A  B  I  D  E  K  R  E  A  C  R  O  S  S  L
B  I  C  Y  C  L  E  R  T  K  P  E  B  B  L  E  U  D
V  B  N  M  U  V  G  B  H  A  N  D  L  E  J  P  F  I
```

Answer Key to Word Search Pages

Page 190

```
X A W R E M I N D M K F Z V N B P X
A A I X O N K I N D W R D I S H E S
H B I N D V N Y A U N V G X W M O H
Q A A O Y L C R O S S E S X O N Z I
B B W Q I L H G G M A N K I N D A U
A R F I S H E S P Q H R I I V M I U
Z Q N C Q B H J L Q O B F I N D L W
R Y J W B B E H I N D R T C Z X A Z
C B E H Y O O X N H A T C H E S E O
G W W J G K L B L I N D V H P M R W
Z M I N D H S W A X E S U N W I N D
C Q X G H I U U K R E R L A J L X L
B E A C H E S R T K P K O W T R U D
V B N M U V G B L I N D F O L D F I
```

Page 192

```
X A W S E D G E N M K F S T A G E X
A A I X O B R I D G E R T U K V K Z
H G I A N T N Y A U N J U D G E O H
Q A A O Y L K Q F G R U D G E N Z I
B B W F U D G E G M B J I N O A A U
A R E E E W P J P Q H E D G E M I U
Z Q E N E R G Y L Q O B N M P I L W
R Y J W B B W E D G E R T C Z X A Z
C B A D G E O X N H X V N R A G E O
G W W J G K L O D G E U V H P M R W
P A G E K H S W A C B P L E D G E U
C Q X G H I N G E R E R L A J L X L
B W A G E E Q R T K P K H U G E U D
C L E R G Y G B P W A G E K J P F I
```

282

Answer Key to Word Search Pages

Page 194

```
X V A U L T P O N M K P A W N B P X
A A I X O N K Q P Q W S A U L V K Z
B R A W N V N B E C A U S E W M O H
Q D A W N L K Q F V N X O X O N Z I
B B W Q I L H G A U G U S T O A A U
A S T R A W P J P Q H R H A W K I U
Z Q N C L A W J L Q O B N T H A W W
R Y J W B F A W N W W R A W Z X A Z
C B E H Y A W N N H X V N M U U E O
G W W J G K L Q O K T D A U N T R W
Z P W R K H S A U C E R W Q D E Q U
C Q X F A U L T K R E R P A U L X L
B W G E E E Q R T K P K O W T R U D
V C A U S E G B P W X H A U L P F I
```

Page 196

```
X A W S E O P O N M K F Z V N B P X
A A I X O N K Q P Q W R O N G V K Z
H P L W R E T C H U N V G L A I R H
Q A A O Y L K Q F A I R O X O N Z I
B B F L A I R G G M B A I R O A A U
A R E E E W R Y P Q H R I I V M I U
Z Q N C Q B H J L Q O B N M P I L W
R Y J W R O T E E W W R I T E X A Z
C B E H Y O O W R A T H N M U U E O
G W W J G K L Q O K T U V H P M R W
Z P W R E C K W A C B R W R A P Q U
C Q X C H A I R W R E S T L E L X L
H A I R E E Q R T K P K O W T R U D
V B N M U V G B P W R U N G J P F I
```

283

Answer Key to Word Search Pages

Page 198

```
X A W S E O D O N K E Y Z V O B E Y
K E Y X O N K Q P Q W P U L L E Y Z
H P L W P V N G A L L E Y X W M O H
D I S O B E Y Q F V N X O X O N Z I
B C O N V E Y G G M B J I N O A A U
A R E E E W P J P A R L E Y V M I U
Z Q N C Q B H J L Q O B N M P I L W
R Y J W B B W H E Y W R T C Z X A Z
T H E Y Y O O X N H O N E Y U U E O
G W W J G K L Q O K P U R V E Y R W
Z P M O N K E Y A C B R W Q D E Q U
C Q X G H I U U S U R V E Y J L X L
B W G E E E Q R T K P V O L L E Y D
V B N J O U R N E Y X I N K J P F I
```

Page 200

```
M O V I E O P O N B R O U G H T P X
A A I X O N K Q D A U G H T E R K Z
H P L W P R I E S T N V G X W M O H
Q A A O Y L K Q F O U G H T O N Z I
B B W Q I L H G G C A U G H T A A U
A R F R A U G H T Q H R I I V M I U
Z Q N C Q B H J L A U G H T E R L W
R Y T H O U G H T W W R T C Z X A Z
C B E H Y O O X N H X V N M U U E O
F I E L D K L Q O K T A U G H T R W
Z P W R K H S W A C B O U G H T Q U
C O O K I E U U K R E T H I E F X L
B W G E B E L I E V E K O W T R U D
V B N M U V G B P W C U T I E P F I
```

284

Answer Key to Word Search Pages

Page 205

```
X  A  W  S  E  H  I  D  E  O  U  S  Z  V  N  B  P  X
C  O  U  S  I  N  K  Q  P  O  U  L  T  R  Y  V  K  Z
H  P  L  W  P  E  N  O  U  G  H  V  G  X  W  M  O  H
Q  A  A  O  B  V  I  O  U  S  N  X  O  X  O  N  Z  I
B  B  W  O  U  L  D  G  G  M  B  J  I  N  O  A  A  U
A  R  E  E  W  P  J  P  S  H  O  U  L  D  E  R  U
Z  Q  N  C  Q  B  J  E  A  L  O  U  S  M  P  I  L  W
R  Y  J  W  A  N  X  I  O  U  S  R  T  C  Z  X  A  Z
C  B  E  H  Y  O  O  X  N  H  X  V  N  M  U  U  E  O
T  O  U  C  H  K  L  Q  O  D  I  O  U  S  P  M  R  W
Z  P  W  R  K  H  S  W  A  C  O  U  N  T  Y  E  Q  U
C  Q  X  G  H  I  U  U  K  Y  O  U  N  G  J  L  X  L
D  O  U  B  L  E  Q  R  T  K  P  F  U  R  I  O  U  S
V  B  N  E  R  V  O  U  S  W  X  I  N  K  J  P  F  I
```

Page 207

```
X  A  W  R  E  J  O  I  C  E  K  F  Z  V  N  B  P  X
A  A  I  X  O  N  K  Q  P  R  I  N  C  E  K  V  K  Z
H  P  G  I  V  E  N  Y  A  U  N  V  G  X  W  M  O  H
Q  A  L  O  V  E  K  Q  F  E  N  C  E  X  O  N  Z  I
B  B  W  Q  I  L  H  G  G  M  B  J  U  I  C  E  A  U
A  R  E  E  F  O  R  G  I  V  E  N  I  I  V  M  I  U
Z  M  I  C  E  B  H  J  L  Q  O  B  N  M  P  I  L  W
R  Y  J  W  B  B  W  R  E  M  O  V  E  C  Z  X  A  Z
C  B  E  H  Y  M  O  T  I  V  E  V  N  M  U  U  E  O
G  W  W  J  G  K  L  Q  O  K  C  E  N  T  E  R  R  W
Z  P  C  O  V  E  R  W  A  C  B  R  W  Q  D  E  Q  U
C  Q  X  G  H  I  U  U  K  D  E  C  I  D  E  L  X  L
B  W  G  E  E  E  Q  R  T  K  P  V  O  I  C  E  U  D
F  A  N  C  Y  V  G  R  A  C  E  I  N  K  J  P  F  I
```

285

Answer Key to Word Search Pages

Page 209

```
X  A  W  S  E  O  P  H  R  A  S  E  Z  V  N  B  P  X
A  A  I  X  S  P  A  R  E  D  W  R  T  U  K  V  K  Z
H  P  L  W  P  V  N  Y  A  U  N  V  G  L  A  R  E  H
Q  A  A  O  Y  L  K  Q  F  T  R  I  U  M  P  H  Z  I
B  P  H  O  N  E  H  G  G  M  B  J  I  N  O  A  A  U
A  R  E  E  E  W  P  J  P  M  A  R  E  I  V  M  I  U
Z  P  A  R  E  B  H  J  L  Q  O  B  R  A  R  E  L  W
R  Y  J  W  B  B  W  H  E  L  E  P  H  A  N  T  A  Z
A  P  H  I  D  O  O  X  N  H  X  V  N  M  U  U  E  O
G  W  W  J  G  K  L  Q  O  R  P  H  A  N  P  M  R  W
Z  P  W  R  K  H  S  Q  U  A  R  E  W  Q  D  E  Q  U
C  A  R  E  H  I  U  U  K  R  E  F  L  A  R  E  X  L
B  W  G  E  E  E  Q  B  L  A  R  E  O  W  T  R  U  D
V  B  D  A  R  E  G  B  P  W  X  I  N  K  J  P  F  I
```

Page 211

```
X  A  W  S  F  O  R  G  I  V  E  N  Z  V  N  B  P  X
A  A  I  X  O  N  K  Q  P  Q  W  R  T  U  K  V  K  Z
D  A  R  K  E  N  N  Y  Q  U  I  C  K  E  N  M  O  H
Q  A  A  O  Y  L  S  H  A  R  P  E  N  X  O  N  Z  I
B  B  C  H  I  L  D  G  G  M  B  R  O  K  E  N  A  U
A  R  E  E  E  W  P  J  P  Q  H  R  I  I  V  M  I  U
Z  Q  N  C  H  O  S  E  N  Q  O  B  N  M  I  L  D  W
R  Y  J  W  B  B  W  H  E  G  O  L  D  E  N  X  A  Z
C  B  E  H  Y  O  P  E  N  H  K  I  T  T  E  N  S  O
G  W  W  J  G  K  L  Q  O  K  T  U  V  H  P  M  R  W
Z  P  W  F  O  R  S  A  K  E  N  R  W  Q  D  E  Q  U
W  I  L  D  H  I  U  U  K  R  E  R  L  A  M  E  N  L
B  W  G  E  H  A  P  P  E  N  P  K  O  W  T  R  U  D
V  B  N  M  U  V  G  B  P  W  A  X  E  N  J  P  F  I
```

286

Answer Key to Word Search Pages

Page 213

X A W B R E A D N M K F Z V N B P X
A A I X O N K Q P Q W R E A C H K Z
H P L W S E A D R U N D R E A D O H
Q A A O Y L K Q F V N X O X O N Z I
B B W Q I L E A V E N J I N O A A U
A D E A L W P J P Q H R I I V M I U
Z Q N C Q B H J L Q O B R E A K L W
L E A S T B W H E W W R T C Z X A Z
C B E H E A L X N H E A V E N U E O
G W W J E A S T O K T U V H P M R W
Z P W R K H S W A C R E A M D E Q U
C Q X G H I U U G R E A T A J L X L
B W B E A S T R T K M E A L T R U D
V B N M U V G B P W X I N E A T F I

Page 215

X A L O N E P O N A L W A Y S B P X
A A I X O N K Q P Q W R T U K V K Z
H P L W P V N Y A U N B E N D M O H
Q A L R E A D Y F V N X O X O N Z I
E N A B L E H G G M B E L O W A A U
A R E B E G I N P Q H R I I V M I U
Z Q N C Q B H J L Q O E N J O Y L W
R Y J W B E C O M E W R T C Z X A Z
C B E H Y O O X N H X A S L E E P O
A L M O S T L Q O K T U V H P M R W
Z P W R K H S W A R O S E Q D E Q U
C Q X G H I U U K R E A L S O L X L
B W G E B E H O L D P K O W T R U D
A P A R T V G B P W X U N L O C K I

Answer Key to Word Search Pages

Page 219

```
X  A  W  S  E  O  P  O  D  U  L  L  Z  V  N  B  P  X
A  T  T  I  R  E  K  Q  P  Q  W  R  T  U  S  K  K  Z
H  P  L  W  P  V  N  Y  A  I  N  S  P  I  R  E  O  H
Q  H  I  R  E  L  K  Q  F  V  N  X  O  X  O  N  Z  I
B  B  W  Q  M  U  S  H  G  M  B  D  I  R  E  A  A  U
A  R  E  E  E  W  P  J  P  Q  H  R  I  I  V  M  I  U
Z  Q  N  C  Q  B  I  N  Q  U  I  R  E  M  P  I  L  W
R  Y  J  W  B  B  W  H  E  W  W  R  T  C  Z  X  A  Z
C  B  F  U  L  L  O  X  N  H  X  V  N  G  U  S  H  O
G  W  W  J  G  K  L  Q  O  K  B  U  S  H  P  M  R  W
Z  B  A  C  K  F  I  R  E  C  B  R  W  Q  D  E  Q  U
C  Q  X  G  H  U  L  L  K  R  U  S  H  A  J  L  X  L
B  W  G  E  E  Q  R  T  K  P  R  E  T  I  R  E  D
E  M  P  I  R  E  G  B  P  W  X  I  N  K  J  P  F  I
```

Page 221

```
X  A  R  E  W  A  R  D  N  M  K  F  Z  W  A  R  S  X
A  C  T  O  R  N  K  Q  P  Q  W  R  T  U  K  V  K  Z
H  P  L  W  P  V  N  Y  A  W  A  R  D  X  W  M  O  H
Q  A  N  O  R  L  K  Q  F  V  N  X  O  X  O  N  Z  I
B  B  W  Q  I  L  H  G  D  O  C  T  O  R  O  A  A  U
B  O  R  N  E  W  P  J  P  Q  H  R  I  I  V  M  I  U
Z  Q  N  C  Q  U  P  W  A  R  D  B  N  M  P  I  L  W
R  Y  J  W  B  B  W  H  E  W  W  R  T  C  Z  X  A  Z
C  B  E  H  L  O  R  D  N  H  C  O  L  O  R  U  E  O
G  W  W  J  G  K  L  Q  O  R  T  U  V  H  O  R  N  W
Z  D  W  A  R  F  S  W  A  C  B  R  W  Q  D  E  Q  U
C  Q  X  G  H  I  U  F  A  V  O  R  L  A  J  L  X  L
C  R  E  A  T  O  R  R  T  K  P  K  O  W  T  R  U  D
V  B  N  M  U  V  G  B  P  W  A  R  N  K  J  P  F  I
```

Answer Key to Word Search Pages

Page 223

```
G R A T E F U L N M K F Z V N B P X
A A T T A I N Q P Q W R E T A I N Z
H P L W P V N P E A C E F U L M O H
Q A A O E N T E R T A I N X O N Z I
B H O P E F U L G F E A R F U L A U
A R E E E W P J P Q H R I I V M I U
F A I T H F U L L Q O B T A I N L W
R Y J W B B B E A U T I F U L X A Z
C B E T R U T H F U L V N M U U E O
G W W J G K L Q O K T U V H P M R W
Z S T A I N S W A C U P F U L E Q U
C O N T A I N U K D E T A I N L X L
B W G E E Q R T K P K O W T R U D
V B N M O U N T A I N I N K J P F I
```

Page 225

```
B I C Y C L E O N M I N V E I G H X
A A I X O N E I G H B O R U K V K Z
G Y P S Y V N Y A U N V G X W M O H
Q A A O E G Y P T V C R Y S T A L I
B B W Q I L H G G M B J I N O A A U
R E W E I G H J P Q H R I I V M I U
Z Q N E I G H T L Q O B N M P I L W
R Y J W B B W H E W W E I G H T A Z
C B E I Y O O X Y G E N M U U E O
L Y R I C K L Q O K T U H Y M N R W
Z P W R K H S Y R U P R W Q D E Q U
C Q S Y S T E M K R E R L A J L X L
B W G E E Q R T Y P I C A L R U D
V B N M Y S T E R Y X I N K J P F I
```

289

Answer Key to Word Search Pages

Page 227

```
F  E  R  R  E  T  P  O  N  M  K  F  H  O  N  K  P  X
A  A  M  U  L  B  E  R  R  Y  W  R  T  E  R  R  A  Z
H  P  L  W  P  V  N  Y  A  U  N  V  G  X  W  M  O  H
Q  A  C  O  N  K  K  Q  F  V  N  M  E  R  R  Y  Z  I
B  B  W  D  O  N  K  E  Y  M  B  J  I  N  O  A  A  U
A  R  E  E  E  W  P  J  P  Q  H  R  I  I  V  M  I  U
E  R  R  A  N  D  H  J  L  Q  O  B  E  R  R  Y  L  W
R  Y  J  W  B  B  M  O  N  K  E  Y  T  C  Z  X  A  Z
C  B  E  H  Y  O  O  M  E  R  R  I  E  R  U  U  E  O
G  W  E  R  R  O  R  Q  O  K  T  U  V  H  P  M  R  W
Z  H  E  R  R  I  N  G  A  C  H  E  R  R  Y  E  Q  U
C  Q  X  G  H  I  U  U  K  R  E  R  L  A  J  L  X  L
B  W  G  E  E  Q  R  T  F  E  R  R  Y  T  R  U  D
Z  O  N  K  U  V  G  B  P  W  X  I  N  K  J  P  F  I
```

Page 229

```
X  D  E  M  U  R  E  O  N  E  N  D  U  R  E  B  P  X
A  A  I  X  O  N  K  Q  P  Q  N  A  T  U  R  E  K  Z
H  P  L  U  R  E  N  Y  A  U  N  V  G  X  W  M  O  H
Q  A  A  O  Y  L  K  Q  F  I  G  U  R  E  O  N  Z  I
B  B  W  Q  I  N  S  U  R  E  B  J  I  N  O  A  A  U
A  R  E  E  E  W  P  J  P  Q  H  P  U  R  E  M  I  U
Z  Q  N  C  U  R  E  J  L  F  U  T  U  R  E  I  L  W
R  Y  J  W  B  F  I  X  T  U  R  E  T  C  Z  X  A  Z
C  B  E  H  Y  O  O  X  N  H  X  V  N  S  U  R  E  O
G  W  W  J  G  K  I  G  P  R  E  U  V  H  P  M  R  W
Z  P  W  R  A  P  T  U  R  E  B  R  W  Q  D  E  Q  U
C  A  Z  U  R  E  U  U  K  R  E  S  E  C  U  R  E  L
B  W  G  E  E  E  Q  P  I  C  T  U  R  E  T  R  U  D
V  B  N  P  L  E  A  S  U  R  E  I  N  K  J  P  F  I
```

290

Answer Key to Word Search Pages

Page 231

```
E  R  O  S  I  O  N  O  N  M  I  S  S  I  O  N  P  X
A  Q  U  E  S  T  I  O  N  Q  W  R  T  U  K  V  K  Z
H  P  L  W  D  E  C  I  S  I  O  N  G  X  W  M  O  H
Q  A  A  O  Y  L  K  P  O  S  I  T  I  O  N  N  Z  I
B  B  W  Q  I  L  H  G  G  M  O  T  I  O  N  A  A  U
A  R  E  E  W  P  J  I  L  L  U  S  I  O  N  I  U
Z  Q  N  A  T  I  O  N  L  Q  O  B  N  M  P  I  L  W
R  Y  J  W  A  C  T  I  O  N  W  R  T  C  Z  X  A  Z
C  B  E  H  Y  O  O  X  N  H  X  L  O  T  I  O  N  O
R  E  L  A  T  I  O  N  O  K  T  U  V  H  P  M  R  W
Z  P  W  R  K  H  S  W  A  C  A  U  T  I  O  N  Q  U
C  Q  X  G  H  I  U  A  D  M  I  S  S  I  O  N  X  L
B  F  I  C  T  I  O  N  T  K  P  K  V  I  S  I  O  N
V  A  C  A  T  I  O  N  P  W  X  I  N  K  J  P  F  I
```

Page 233

```
X  T  O  U  G  H  P  O  N  M  K  F  Z  V  N  B  P  X
A  A  I  X  O  N  A  R  R  O  G  A  N  T  K  V  K  Z
H  P  L  W  P  V  N  Y  A  R  R  E  S  T  W  M  O  H
Q  A  L  A  R  R  Y  Q  F  V  N  X  O  X  O  N  Z  I
B  B  W  Q  I  L  H  G  R  O  U  G  H  N  O  A  A  U
A  R  R  I  V  E  P  J  P  Q  H  R  I  I  V  M  I  U
Z  Q  N  C  Q  B  H  J  L  Q  O  H  A  R  R  Y  L  W
R  Y  J  W  B  O  U  G  H  T  W  R  T  C  Z  X  A  Z
C  A  R  R  O  T  O  X  N  H  X  C  A  R  R  Y  E  O
G  W  W  J  G  K  L  Q  P  A  R  R  O  T  P  M  R  W
M  A  R  R  Y  H  S  W  A  C  O  U  G  H  D  E  Q  U
C  Q  X  G  H  I  S  P  A  R  R  O  W  A  J  L  X  L
B  W  G  E  N  O  U  G  H  K  P  K  O  W  T  R  U  D
V  B  N  M  U  V  G  B  P  W  A  R  R  O  W  P  F  I
```

291

Answer Key to Word Search Pages

Page 235

```
X  A  C  H  E  D  D  A  R  M  K  F  Z  V  N  B  P  X
A  A  I  X  O  N  K  R  E  G  U  L  A  R  K  V  K  Z
C  O  U  G  A  R  N  Y  A  U  C  O  L  L  A  R  O  H
Q  A  A  O  Y  L  K  Q  F  P  O  P  U  L  A  R  Z  I
B  B  U  R  G  L  A  R  G  M  B  J  I  N  O  A  A  U
A  R  E  E  E  W  P  J  P  L  U  N  A  R  V  M  I  U
Z  M  O  L  A  R  H  J  L  Q  O  B  N  M  P  I  L  W
R  Y  J  W  B  B  W  H  E  C  E  L  L  A  R  X  A  Z
D  O  L  L  A  R  O  X  N  H  X  V  N  M  U  U  E  O
G  W  W  J  G  K  L  P  O  L  A  R  V  H  P  M  R  W
Z  P  W  R  K  H  S  W  A  C  B  R  I  A  R  E  Q  U
C  Q  X  A  L  T  A  R  K  R  E  R  L  A  J  L  X  L
B  W  G  E  E  E  Q  R  T  K  P  S  O  L  A  R  U  D
V  I  C  A  R  V  G  B  N  E  C  T  A  R  J  P  F  I
```